MW01706720

ПОЧЕМУ

и

ПОТОМУ

ПОЧЕМУ И ПОТОМУ

Москва
• РОСМЭН •
2003

ББК 92
П65

Наш адрес в Интернете: **www.rosman.ru**

П65 **Почему и потому**: Энциклопедия для детей дошкольного возраста/ Составитель О. И. Корчагина. Ил. М. О. Дмитриева, В. А. Дыгало, Т. А. Жежеря, А. В. Казьминой, Е. А. Комраковой, Н. В. Кравченковой, А. Н. Лукьянова, И. В. Максимовой, О. К. Пархаева, А. Г. Проскурякова, А. Н. Савельева, А. Н. Сичкаря, Н. В. Сучковой, Е. Г. Трегубовой, В. Г. Челака; Оформл. серии Л. Д. Андреева. – М.: ООО «Издательство «РОСМЭН-ПРЕСС», 2003. – 144 с.

Все маленькие дети любят задавать вопросы, но, к сожалению, у их родителей не всегда находится время, чтобы отвечать на них. На помощь придет наша энциклопедия: в ней собрано почти 300 самых разных вопросов из тех, что задают неугомонные малыши – про Землю и космос, животных и растения, древние цивилизации и современные машины. Читайте вместе с вашим малышом и смотрите картинки.

ISBN 5-353-00903-7 ББК 92
© ООО «Издательство «РОСМЭН-ПРЕСС», 2002

Содержание

СССР
СССР

Космос

На ночном небе в ясную погоду
ты можешь наблюдать звезды.
С Земли они кажутся очень далекими
и маленькими. Но все, что ты видишь на небе,
лишь маленькая часть космоса — пространства,
в котором летят тысячи галактик, подобных
нашей, со своими солнцами и планетами.
Космос бесконечен, и даже в самый сильный
телескоп невозможно увидеть,
где же его границы.

ЧТО ТАКОЕ КОСМОС?

Космосом называется бесконечное пространство, которое окружает нашу Землю. Все, что существует в космосе, — это Вселенная. Вселенная состоит из множества галактик, в каждой из них есть свое солнце и вращающиеся вокруг него планеты. Галактики стремительно удаляются друг от друга, значит — Вселенная постоянно расширяется.

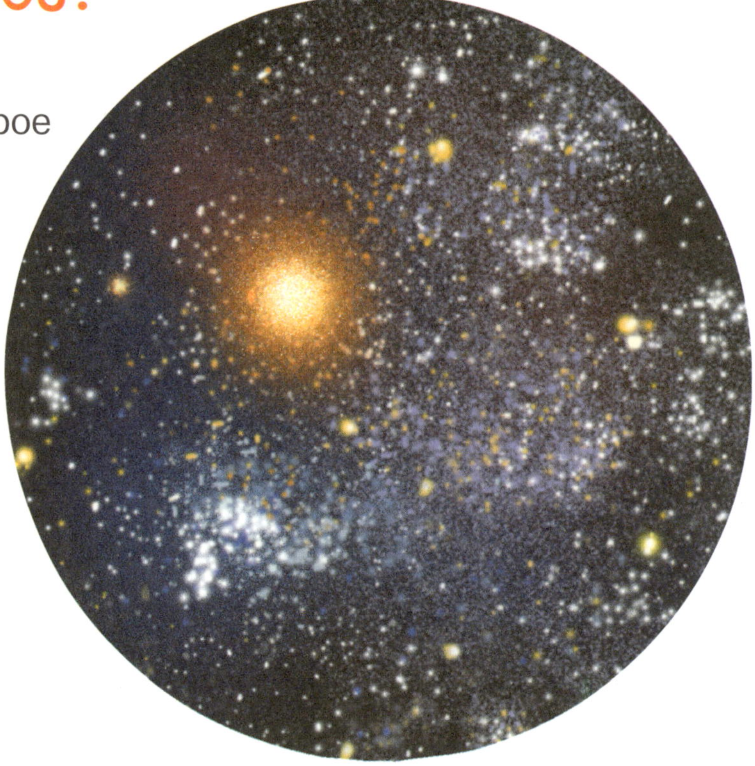

Астероиды и метеориты

ЧТО СВЕРКАЕТ НА НЕБЕ НОЧЬЮ?

В ясную летнюю ночь на небе можно увидеть похожие на звезды светящиеся точки, которые исчезают, оставляя яркий сверкающий след. Это метеоры — небольшие твердые космические частицы, которые сгорают, попадая в атмосферу Земли. Вокруг Солнца кружат тысячи маленьких планет — астероидов, глыб из металла и камня. При столкновении друг с другом они раскалываются, и их осколки, которые называют метеорами, разлетаются в разные стороны.

ПОЧЕМУ У СОЗВЕЗДИЙ ЕСТЬ ИМЕНА?

Созвездие — это скопление звезд на небе. Еще в древние времена люди стали объединять группы звезд в условные фигуры — созвездия, которые по своей форме напоминали каких-либо животных, предметы или мифических героев, и давать им соответствующие названия, например Персей, Андромеда, Лира, Орион, Кассиопея и др. Все звезды, видимые с Земли, входят в то или иное созвездие.

ГДЕ ГРАНИЦА ВСЕЛЕННОЙ?

Несмотря на использование самых современных астрономических приборов, которые могут видеть очень и очень далеко и даже заглядывать в другие галактики, ученым не удалось обнаружить границ Вселенной. Все, что им открылось в ее глубинах, — это целая вереница галактик, которым нет конца.

ЧТО ТАКОЕ КОМЕТА?

Кометы — это космические тела. Они состоят из льда и газов. На комете средней величины может разместиться такой крупный город, как Москва или Нью-Йорк. Как правило, их полет проходит за границами Солнечной системы, но иногда Солнце притягивает одну из комет. Приближаясь к нему, комета начинает таять, и солнечный ветер сдувает с нее длинный хвост газов. Сверкающий хвост кометы переливается в солнечных лучах и виден на ночном небе в течение нескольких недель, пока комета не скроется из вида.

Комета с хвостом, состоящим из пыли и газов

ПОЧЕМУ СОЛНЦЕ ТАКОЕ ГОРЯЧЕЕ?

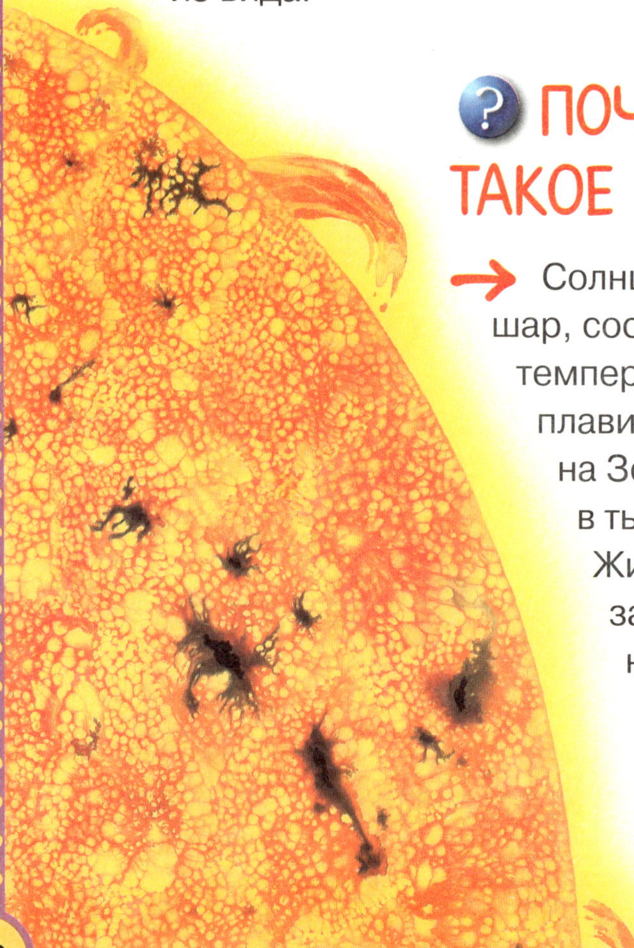

Солнце — звезда. Это огромный пылающий шар, состоящий из газа. На его поверхности температура 6000 °C! При такой жаре плавится любое вещество из известных на Земле. Температура же ядра Солнца в тысячи раз больше — свыше 16 000 000 °C! Жители Земли очень благодарны Солнцу за то, что оно постоянно дает тепло нашей планете и на Земле бывает такое замечательное время года, как лето. Однако с солнечными лучами нужно быть осторожным. В жаркий день они могут обжечь кожу.

ЧТО ТАКОЕ СОЛНЕЧНЫЙ ВЕТЕР?

Помимо лучей дневного света, которым мы все так радуемся, Солнце испускает на Землю поток невидимых частиц — солнечный ветер, а также смертельно опасные лучи и радиоволны. К счастью, оболочка Земли надежно защищает от них людей. У полюсов Земли солнечный ветер взаимодействует с атмосферой, вызывая северное сияние и зарницы.

Северное сияние

КАК РОЖДАЕТСЯ ЗВЕЗДА

Звезда — это гигантский шар, состоящий из газа и пыли. От высокой температуры звезда раскаляется и начинает излучать свет. И светит она тем ярче, чем горячей становится. Звезды, которые мы видим в ночном небе, это далекие солнца других галактик, излучающие свет и тепло.

ЧТО ТАКОЕ ОРБИТА?

Многие космические тела, например планеты и спутники, постоянно вращаются вокруг более крупных объектов. Путь, который они при этом проходят, называется орбитой. Орбиты, по которым движутся планеты, напоминают круг или овал. У планеты Плутон самая протяженная орбита в нашей Солнечной системе, поэтому астрономы заметили эту планету позже других.

КАК ЖИВУТ ПЛАНЕТЫ?

В момент зарождения поверхность планеты напоминает кипящий бульон. Постепенно температура планеты понижается и появляются моря и твердые участки суши. Через многие и многие миллионы лет планета окончательно остывает и превращается в гигантскую глыбу.

Зарождающаяся планета

Живая планета

Мертвая планета

Что такое Солнечная система?

Солнечной системой называют девять планет, которые вращаются по своим орбитам вокруг Солнца. Ученые считают, что очень много лет назад в космосе появилось огромное облако из космической пыли и газов. И Солнце, и все остальные планеты Солнечной системы образовались из этого вещества. Некоторые планеты расположены ближе к Солнцу: Меркурий, Венера, Земля и Марс. Другие — дальше от Солнца: Юпитер, Сатурн, Уран, Нептун и Плутон.

Есть ли жизнь на других планетах?

Насколько установлено современными учеными, Земля — единственная планета, на которой имеются необходимые для жизни воздух (атмосфера), вода и тепло. Месторасположение Земли, ее относительная удаленность от Солнца, позволяет воде существовать на нашей планете в жидком виде, а не в виде газа или льда. А атмосфера Земли защищает нашу планету.

Юпитер

КАКАЯ ПЛАНЕТА СОЛНЕЧНОЙ СИСТЕМЫ САМАЯ ЯРКАЯ?

Самый яркий — Юпитер, его легко найти в ночном небе. Как и вокруг всех газообразных планет, вокруг Юпитера имеются кольца, но они так тонки, что их трудно заметить. Поверхность этой планеты покрыта красными и желтыми вихревыми облаками. Красные и белые пятна в облаках Юпитера — это бури, наибольшая из которых называется Большим Красным Пятном.

ПОЧЕМУ МАРС КРАСНЫЙ?

Марс — планета вдвое меньше Земли. На его поверхности находится большое количество пыли, напоминающей ржавчину. Поэтому Марс с Земли кажется красным, и люди зовут его «красной планетой». Воздух на Марсе не похож на земной, и человек дышать им не может. Из-за постоянных бурь небо этой планеты выглядит розовым. На Марсе есть большие пустыни, глубокие каньоны и гигантские вулканы.

Высадка на Марс

Сатурн

ПОЧЕМУ САТУРН НАЗЫВАЮТ ОКОЛЬЦОВАННЫМ?

Планету Сатурн легко узнать по светящимся кольцам. Внутри Сатурн состоит из газов — это самая легкая планета Солнечной системы. Благодаря своим загадочным ярким кольцам Сатурн издавна считается самой красивой и необычной планетой Солнечной системы.

Где водится Большая Медведица?

Конечно, в космосе. Она не нападает на космонавтов, а мирно светится своими крупными звездами. Ведь Большая Медведица — это созвездие. Увидеть ее можно справа от Млечного Пути. Это созвездие очень важное: глядя на него, мореходы и путешественники находят дорогу. Еще созвездие Большой Медведицы называют Ковш.

ЧТО ТАКОЕ ЛУНА?

Луна — это каменный шар размером намного меньше Земли. Она вращается вокруг нашей планеты. Ученые считают, что Луна образовалась, когда с Землей столкнулась блуждающая планета. Удар был столь сильным, что от незваной пришелицы остались только расплавленные куски, отброшенные обратно в космос. Эти кусочки сблизились и образовали Луну.

ПОЧЕМУ ЛУНА МЕНЯЕТ ФОРМУ?

Солнечный свет всегда освещает только одну сторону Луны. Из-за вращения вокруг Земли освещенная Солнцем сторона Луны видна не полностью, а лишь частями. В новолуние Луна находится между Землей и Солнцем, и мы видим только узкий серповидный кусочек ее светлой поверхности. За две первые недели месяца его ширина увеличивается до полного круга, это явление называется полнолунием. В течение следующих двух недель мы видим лунной поверхности все меньше, пока не остается только осколок Луны — месяц.

ОТЧЕГО ЛУНА СВЕТИТСЯ?

Луна — самый яркий объект на ночном небе. Лунный свет — это солнечные лучи, отраженные от белой пыли на поверхности Луны, которая вся испещрена кратерами от падения метеоритов. Большие темные пятна на поверхности Луны называются морями. На самом деле это вовсе не моря, а гигантские равнины, образованные лавой, излившейся во время извержения вулканов при рождении Луны.

Чья в космосе гантель?

Помимо девяти больших планет, в нашей Солнечной системе вращаются еще и сотни тысяч астероидов — малых планет. Одна из них, названная Гектором, состоит из двух огромных шаров, связанных между собой тонким цилиндром, которые напоминают гигантскую гантель.

ЧТО ТАКОЕ СПУТНИК?

Искусственные спутники — это космические аппараты, летающие вокруг нашей планеты. Благодаря спутникам работают наши телефоны, телевизор, радио. Другие спутники помогают составлять метеосводки погоды и определять местоположение попавшего в беду корабля. Россия первой в мире запустила космический спутник. Это произошло 4 октября 1957 года.

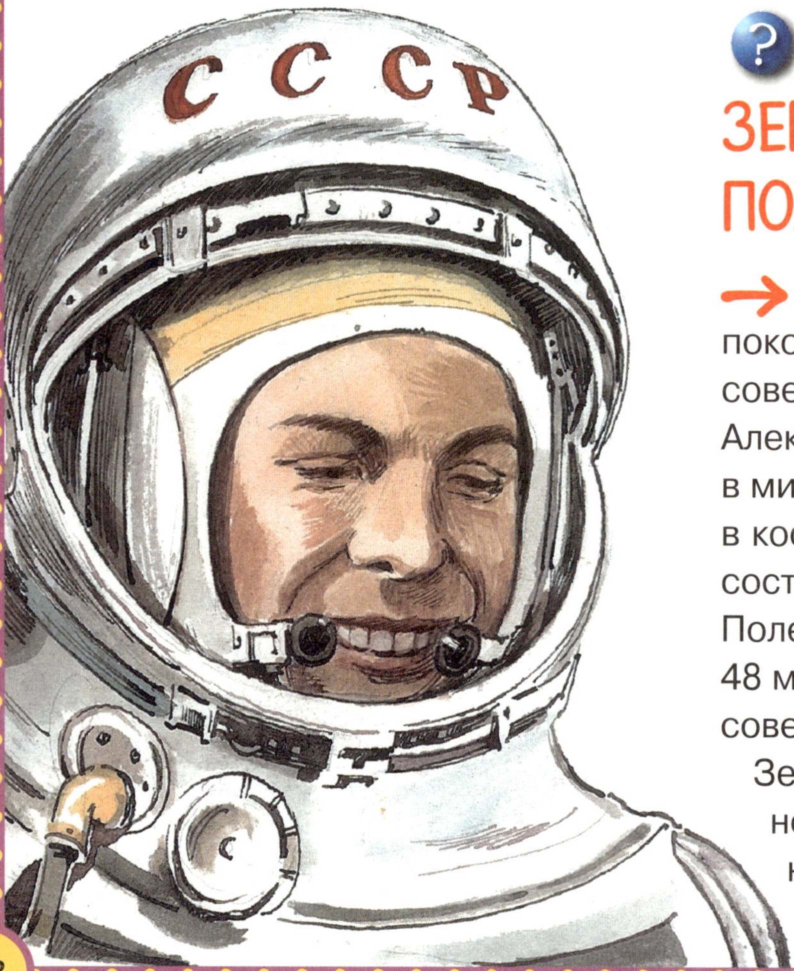

КТО ИЗ ЖИТЕЛЕЙ ЗЕМЛИ ПЕРВЫМ ПОЛЕТЕЛ В КОСМОС?

Первым человеком, покорившим космос, был советский космонавт Юрий Алексеевич Гагарин. Первый в мире полет человека в космическое пространство состоялся 12 апреля 1961 года. Полет продолжался 1 час 48 минут. Корабль «Восток» совершил один оборот вокруг Земли. Полет Гагарина открыл новую эру в истории мировой науки — эру космонавтики.

КТО ПЕРВЫМ ВЫШЕЛ В КОСМОС?

Это был советский космонавт Алексей Леонов. Во время полета космического корабля «Восход-2» в 1965 году Леонов в специальном скафандре вышел в открытый космос. Человек был прикреплен к кораблю длинным тросом, иначе он просто улетел бы и уже не смог вернуться.

КАК ИЗУЧАЮТ КОСМОС?

Для исследования космоса ученые используют различные телескопы. Но когда телескопа оказывается недостаточно, на изучаемую планету запускают автоматическую станцию, которая берет пробы грунта, атмосферы и делает фотографии. В 1970 году российские ученые построили луноход, который успешно передвигался по Луне , преодолевая многочисленные кратеры на ее поверхности.

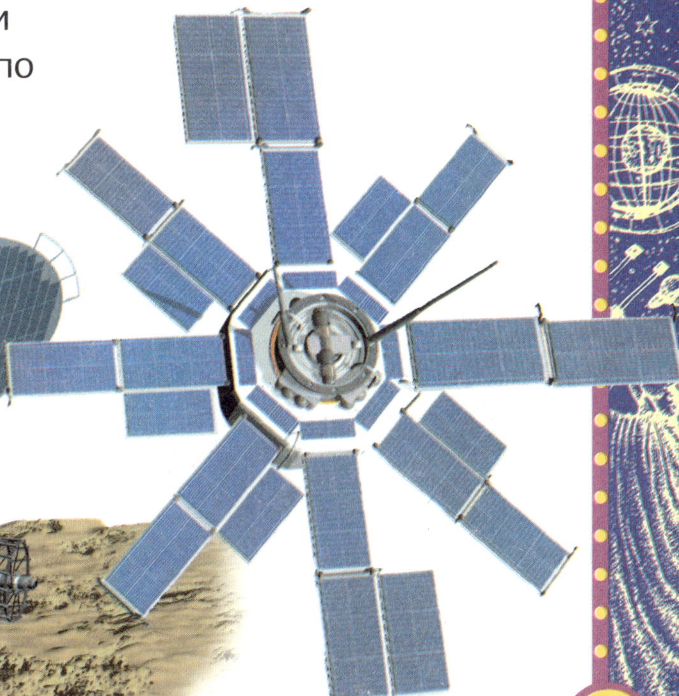

Планета Земля

Наша планета Земля — это огромный шар, состоящий из горных пород и металлов, покрытый водой и почвой. Океаны, моря и материки расположены на его поверхности. Природа, живой мир и погода в различных местах нашей планеты чрезвычайно разнообразны.

КАК ПОЯВЛЯЮТСЯ ШАРОВЫЕ МОЛНИИ?

Шаровые молнии бывают желтыми, оранжевыми, голубыми. Это светящийся, раскаленный шар, который иногда появляется в сильную грозу. Живет такой огненный шар очень короткое время. Но если на пути ему встретится препятствие, то шар разрядится и произойдет взрыв.

ПОЧЕМУ СНАЧАЛА СЛЫШЕН ГРОМ, А ПОТОМ ВИДНА МОЛНИЯ?

При грозе гром и молния возникают одновременно, но так как свет движется быстрее звука, мы видим сначала молнию, а потом слышим гром. Гром может испугать, но сам по себе он не опасен. Это всего лишь звук грозового разряда, который вызывает молнию. Молния опасна, она может поджечь дерево или даже дом.

ЧТО ТАКОЕ АЙСБЕРГ?

Айсберги — огромные ледяные глыбы, отколовшиеся от скопления льдов у полюсов Земли. Иногда эти огромные ледяные горы, большая часть которых скрыта под водой, могут годами плавать в морях, прежде чем растают. Все айсберги состоят из чистейшей воды, в которой нет соли.

ЧТО У ВУЛКАНА ВНУТРИ?

Вулкан — это гора, внутри которой находится раскаленная смесь из расплавленных каменных пород и газов. Она поднимается из глубины Земли и вырывается наружу через расположенное на самой вершине вулкана отверстие — кратер.

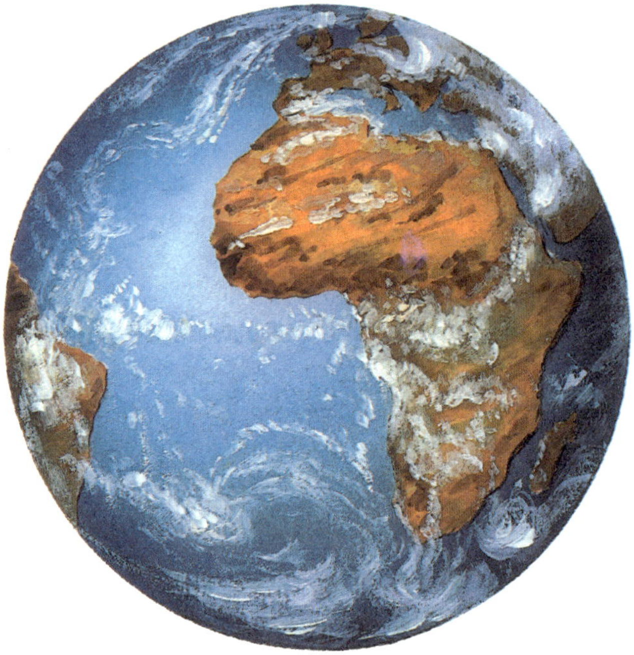

НА ЧТО ПОХОЖА ЗЕМЛЯ ИЗ КОСМОСА?

→ Из космоса наша Земля кажется маленьким шаром в бескрайнем пространстве. Голубые пятна — это океаны, а коричневато-зеленые участки — это суша, составляющая шесть материков. Из космоса видно, что воды на Земле больше, чем суши.

ЧТО ТАКОЕ АТМОСФЕРА?

→ Наша Земля окутана слоем атмосферы. В дневное время она защищает Землю от вредного излучения Солнца, а ночью удерживает тепло на земной поверхности, не давая ей остыть. Атмосфера состоит из нескольких газов, самый распространенный из них — кислород, которым дышит все живое на Земле.

ВСЕГДА ЛИ ЗЕМЛЯ ВЫГЛЯДЕЛА ОДИНАКОВО?

→ Двести миллионов лет назад на Земле был всего один материк под названием Пангея, окруженный океаном. Много-много миллионов лет назад могучие подземные силы раскололи Пангею на шесть материков: Евразию, Африку, Северную Америку и Южную Америку, Австралию и Антарктиду.

ЧТО У ЗЕМЛИ ВНУТРИ?

→ Земля состоит из трех разных слоев. В центре, словно желток в яйце, находится очень горячее ядро, окруженное раскаленным слоем — мантией. Поверхностный слой Земли, ее «скорлупа» (земная кора), состоит из твердых каменистых пород.

ЧТО ТАКОЕ КРУГОВОРОТ ВОДЫ?

Когда солнце нагревает поверхность суши или водоема, содержащаяся там вода превращается в пар и поднимается в воздух. Вверху насыщенный влагой воздух охлаждается, и пар снова становится водой и выпадает на землю в виде осадков — дождя и снега. Так происходит круговорот воды в природе.

ГДЕ САМОЕ ДОЖДЛИВОЕ МЕСТО?

Самые «мокрые» места на Земле — это предгорья на гавайском острове Кауи и район Черрапунджи в Индии. «Количество» дождя измеряют толщиной слоя выпавшей воды. Так вот: в Индии однажды за месяц выпало больше 9300 миллиметров осадков. Вот уж дождь так дождь! В наших краях столько дождя выпадает за 12 лет!

ПОЧЕМУ ВОДА В МОРЕ СОЛЕНАЯ?

Если ты бывал на море, то наверняка заметил, что на вкус морская вода очень соленая. А происходит это потому, что морская вода растворяет соль, содержащуюся в горных породах на океанском дне.

ОТКУДА БЕРЕТСЯ РАДУГА?

Радугой называется разноцветная дуга, которую мы часто видим в небе после дождя. А появляется она, если солнечный свет проходит сквозь мельчайшие капли воды, оставшиеся во влажном воздухе после дождя. Когда это происходит, луч солнца разбивается на семь цветных полосок: красную, оранжевую, желтую, зеленую, голубую, синюю и фиолетовую. Это и есть цвета радуги.

Динозавры

Динозавры — гигантские ящеры — древнейшие обитатели нашей планеты. Появились они на Земле около 210 миллионов лет назад, а 65 миллионов лет назад все динозавры на Земле вымерли. Ученые спорят до сих пор, почему же это случилось. О том, как выглядели динозавры, люди узнали по остаткам костей и их окаменевшим отпечаткам, которые находят при раскопках.

КАКОЙ ДИНОЗАВР БЫЛ САМЫМ СВИРЕПЫМ?

→ Тиранозавр рекс. У него были мощные челюсти с зубами величиной с кинжал, которыми он рвал мясо и дрался с другими динозаврами. Передвигался тиранозавр на сильных задних лапах, а передними короткими лапами он удерживал пищу.

ЧЕМ ПИТАЛИСЬ ДИНОЗАВРЫ?

→ Травоядные динозавры ели только траву и листья. Другие динозавры запросто могли позавтракать и своими собратьями. Это были динозавры-хищники. Хищники вроде тиранозавра имели узкие изогнутые и острые зубы. А у травоядных динозавров зубы были плоскими — для перетирания пищи, как у камаразавра, либо заостренными — для откусывания веток, как у игуандона. У цератопсов были специальные клювы, которыми они отрывали листья.

КАКОЙ ДИНОЗАВР БЫЛ САМЫМ БОЛЬШИМ?

Самыми большими были бронтозавры, брахиозавры и диплодоки. А ультразавр, что означает «самая большая ящерица», был просто огромным. Один из них, чей скелет обнаружили ученые, был в длину более 30 метров, в высоту — 18 метров и весил 136 тонн. В те далекие времена пищи на нашей планете было много, динозавры росли очень быстро, и их рост продолжался до самой смерти.

Все ли динозавры были крупными?

Не все. Например, копсогнат размерами напоминал обыкновенного гуся. Салтопус и эхинодон тоже были не крупнее современной домашней кошки. Маленькие динозавры очень быстро бегали, поэтому крупным хищникам нелегко было их поймать.

У КАКОГО ДИНОЗАВРА БЫЛИ ОСТРЫЕ ШИПЫ?

→ Древнего стегозавра называют ящерицей под крышей — из-за множества пластин его спина напоминала черепичную крышу. Самые острые шипы у этого динозавра располагались на кончике хвоста. Один поворот хвоста стегозавра был смертелен для его врагов.

У КАКИХ ДИНОЗАВРОВ БЫЛИ РОГА?

→ Динозавров с рогами звали цераторсидами, что означает «рогатое лицо». Кроме рогов на голове у некоторых видов цераторсидов был рог на носу и даже на шее. До сих пор никто не знает, зачем этим диковинным зверям столько рогов. Они не были хищниками, а питались стелющейся по земле травой.

КАК ПЕРЕДВИГАЛИСЬ ДИНОЗАВРЫ?

Дилофозавр

→ «Сухопутные» динозавры передвигались в основном на двух задних лапах, опираясь на массивный тяжелый хвост, который помогал сохранять равновесие. У динозавров, живших в воде, лапы напоминали ласты. Динозавры загребали ими воду, словно наши обыкновенные утки. А огромный диплодок мог и ходить и плавать.

ПОЧЕМУ ДИНОЗАВРЫ ЖИЛИ В ВОДЕ?

→ В воде хорошо было жить крупным динозаврам. Ведь в воде их собственный вес не был так ощутим. Самыми большими «водными» динозаврами были плезиозавры. Вместо лап у них были ласты. Длинная шея такого динозавра позволяла доставать корм со дна или выглядывать из воды, чтобы осмотреться.

ПОЧЕМУ ДИНОЗАВРОВ ТАК НАЗВАЛИ?

Слово «динозавр» означает «ужасный ящер». Посмотри повнимательнее на этих животных: они действительно напоминают знакомых тебе ящериц, но только огромных размеров. А название это придумали ученые, которые впервые раскопали кости динозавров.

ПОЧЕМУ ВЫМЕРЛИ ДИНОЗАВРЫ?

Ученые считают, что 65 миллионов лет назад на Земле произошла ужасная катастрофа. Наша планета столкнулась с огромным астероидом. В результате удара в воздух поднялось большое облако пыли, которое не пропускало солнечные лучи. На Земле погибли все растения, и динозавры умерли от голода. Впрочем, есть и другие предположения о гибели динозавров.

УМЕЛИ ЛИ ДИНОЗАВРЫ ЛЕТАТЬ?

Некоторые динозавры умели летать и больше походили на птиц, чем на ящеров. Кожаные крылья летающих ящеров — птерозавров напоминали крылья летучей мыши и походили на развевающийся парус. Самыми известными из них считаются птеродактили.

КТО НЕ ИЗМЕНИЛСЯ СО ВРЕМЕН ДИНОЗАВРОВ?

Предки современных крокодилов — архазавры населяли землю 100 миллионов лет назад. С тех пор их потомки почти не изменились. Черепахи — тоже очень древние животные. Они появились одновременно с динозаврами, но если диковинных ящеров никто из людей в глаза не видел, так давно они вымерли, то на черепаху ты можешь полюбоваться в любом зоопарке. Сухопутные и водные черепахи живут на Земле уже около 175 миллионов лет.

История

История человечества — это все, что происходило с людьми с древнейших времен до наших дней. Рождались и становились пылью древние государства, династии королей сменяли одна другую, полчища жестоких кочевников сметали все на своем пути, завоевывая новые земли, — обо всем этом писали историки, чтобы мы сейчас могли прочитать и узнать, что же происходило на Земле очень давно.

ГДЕ НАХОДИЛАСЬ ДРЕВНЯЯ ФИНИКИЯ?

Там, где сейчас находится государство Ливан, в древности располагались земли одной из самых богатых стран Древнего мира — Финикии. Финикия славилась своими бесстрашными мореплавателями, которые основали множество торговых городов.

Что изобрели шумеры?

В отличие от других древних народов, шумеры очень любили записывать свои мысли. Записи они делали на глиняной дощечке с помощью острой палочки, а научились они этому, подсматривая за обыкновенной кошкой, которая царапала глину когтями. Так шумеры и кошка изобрели письменность.

ГДЕ РАСПОЛАГАЛАСЬ МЕСОПОТАМИЯ?

Месопотамия означает «междуречье». Сейчас на этой территории между реками Тигр и Евфрат находится государство Ирак. Первыми жителями этих мест были шумеры. В древних городах шумеров Ур и Урук жили до 50 тысяч человек в каждом. Города эти были возведены вокруг огромных, сложенных из глиняных кирпичей храмов, которые называли зиккуратами.

КАК ЖИЛИ В ДОЛИНЕ ИНДА?

На территории государства Пакистан в долине реки Инд ученые обнаружили два древних города — Хараппу и Мохенджо-Даро. Там были широкие улицы, мосты и храмы. В домах находились отдельные туалет и ванная, совсем как в современном городе.

КОГДА ВОЗНИКЛО ПЕРВОЕ НА ЗЕМЛЕ ГОСУДАРСТВО?

Первое государство на Земле возникло очень давно — 4000 лет назад! Оно называлось Древний Египет и находилось в Африке. Жители Египта были искусными строителями. До наших дней дошли построенные в древние времена пирамиды и гробницы.

ЧТО ТАКОЕ МУМИЯ?

Древние египтяне, чтобы сохранить тело умершего, изготавливали мумию. После смерти тело высушивали, смазывали маслом, обматывали полосами льняной ткани, пропитанной специальным раствором, и помещали в гроб — саркофаг.

В КАКИХ БОГОВ ВЕРИЛИ ЕГИПТЯНЕ?

Египтяне обожествляли силы природы, растения, зверей, птиц и поклонялись множеству богов. Солнечный бог Ра был главным богом Египта. Бог плодородия Осирис научил людей возделывать землю, сажать сады, строить города, выпекать хлеб. Изготовлению мумий покровительствовал бог Анубис.

Осирис Ра Сет Гор Тот Исида Анубис Себек

Умели ли египтяне писать?

Египтяне прославились своей письменностью. Писать умели немногие — только жрецы и чиновники, зато каждый египтянин знал, что писать надо на папирусе. Папирус тоже изобрели египтяне. Его делали из тростника — высоких растений, похожих на гигантских размеров камыши. Чтобы получился свиток, листья папируса скрепляли вместе.

КАК СТРОИЛИ ПИРАМИДЫ?

В пирамидах египтяне хоронили царей — фараонов. Глыбы для строительства пирамид могли весить по нескольку тонн — почти как танк! Рабы привязывали их к салазкам и передвигали с помощью круглых деревянных чурбаков. Так им удавалось поднимать камни на большую высоту по наклонным дорогам.

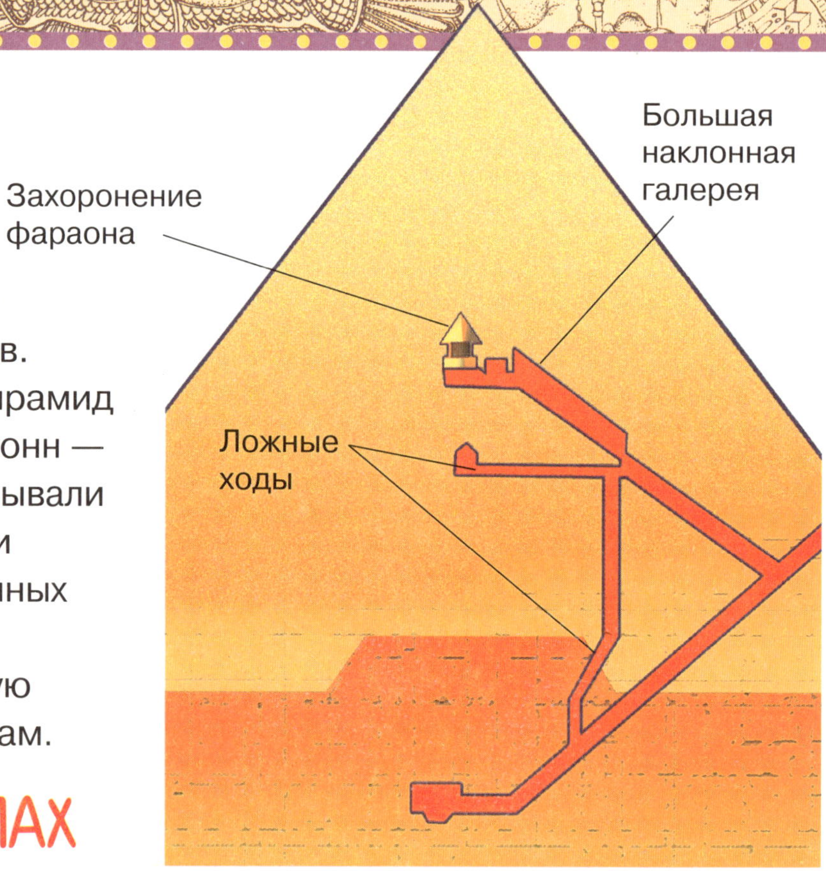

В КАКИХ ДОМАХ ЖИЛА ЕГИПЕТСКАЯ ЗНАТЬ?

Дом знатного египтянина был удобен и красив. Квадратная столовая находилась выше остальных комнат. Ее окна располагались наверху, под самой крышей. Потолок красили в темно-синий цвет. Снизу стены в столовой белили, а сверху раскрашивали в яркие цвета.

Кошка — священное животное Египта

КАКОЕ ЖИВОТНОЕ ЕГИПТЯНЕ СЧИТАЛИ СВЯЩЕННЫМ?

Кошки считались в Египте священными. Дело в том, что египтяне первыми приручили их. Охраняла кошек богиня Бастет, изображавшаяся в виде женщины с кошачьей головой. По закону, тому, кто осмеливался поднять на кошку руку, грозила казнь.

КАКОЙ БЫЛА ОДЕЖДА ДРЕВНИХ ЕГИПТЯН?

Одежда в Древнем Египте была предметом роскоши. Египтяне обувались в сандалии из папируса. Мужчины носили простые набедренные повязки, а женщины одевались в прямые узкие платья из льна. Воина можно было узнать по набедренной юбке. Платья, украшенные множеством складок, и мантии имели только богатые египтяне. Самую дорогую одежду носили фараоны и их жены.

ГДЕ ВОЗНИКЛА КИТАЙСКАЯ ЦИВИЛИЗАЦИЯ?

Китайская цивилизация возникла в долине рек Янцзы и Хуанхе. У воды сидела богиня Нюйва и лепила человечков из желтой глины. Они и заселили эту землю. Эта красивая легенда рассказывает о возникновении древнейшего государства Китай.

ЧТО ТАКОЕ ВЕЛИКАЯ КИТАЙСКАЯ СТЕНА?

По приказу императора Ши Хуанди вдоль северной границы империи была возведена грандиозная стена. По ней могли свободно разъехаться две колесницы. Длина стены около 4 000 километров. Она простирается от побережья Тихого океана до пустыни Гоби. Великая Китайская стена оградила Китай от набегов враждебных гуннов.

Какой секрет был в Китае самым главным?

Это был секрет изготовления шелка. Секрет хранился в строжайшей тайне. Китайцы получали шелк с помощью гусениц шелкопряда. Занимались этим женщины из императорской семьи.

Сбор гусениц шелкопряда

Кормили гусениц шелкопряда листьями тутового дерева

Перед размоткой кокона из него доставали куколку

Для получения нити гусениц помещали на решетки

Кто изобрел бумагу?

Это сделал китайский ученый по имени Цай Лунь. Он сделал клейкую массу из бамбука и воды, раскатал ее в плоский лист и оставил этот лист сушиться на солнце. А подсказала Цай Луню этот способ обыкновенная оса.

КТО ПРАВИЛ ВИКИНГАМИ?

Викингами правил конунг — местный король. Ему подчинялись богатые князья — ярлы. Общественное положение человека в те времена у викингов определялось тем, богат ли он и сколько у него земли. Конунги и ярлы имели много земли. Под их властью находились свободные земледельцы — карлы.

НА ЧЕМ ПЛАВАЛИ ВИКИНГИ?

Более всего викинги прославились как искусные кораблестроители и мореходы. Узкие, маневренные и очень быстроходные корабли викингов назывались драккарами. Гребцами были сами воины-викинги. При попутном ветре на кораблях поднимали огромные четырехугольные паруса. Викинги проплывали тысячи километров в суровых северных морях на беззащитных перед стихиями судах. Викинги учились морскому делу, наблюдая за рыбами, полетом птиц, течениями и звездами.

КАКИМ БОГАМ ПОКЛОНЯЛИСЬ ВИКИНГИ?

→ Главным божеством у викингов считался громовержец Тор. Бога войны звали Один, а добрая богиня Фрейя покровительствовала домашнему очагу и урожаю. Викинги верили, что душа умершего воина отправляется в «рай викингов» — Вальхаллу. Там воины принимают участие в бесконечных сражениях.

ПОЧЕМУ ВИКИНГИ МНОГО ВОЕВАЛИ?

→ Суровая и трудная жизнь на родине вынуждала молодых викингов отправляться в далекие походы за добычей. Войско викингов перемещалось на кораблях. Потому наиболее часто викинги грабили города, которые находились близко к морскому берегу. Там викинги захватывали добычу, брали пленных и потом продавали их в рабство.

КТО ТАКИЕ РОМУЛ И РЕМ?

Как гласит легенда, Рим был основан в 753 г. до нашей эры сыновьями бога Марса Ромулом и Ремом. Обреченные на смерть своим жестоким родственником, мальчики были спасены от верной гибели волчицей. В благодарность Ромул и Рем поклялись построить на холме Палатин, где нашла их волчица, город.

КТО ТАКОЙ РИМСКИЙ ИМПЕРАТОР?

Император обладал огромной властью. Он был не только правителем, но и главным священником римского государства и верховным главнокомандующим римских армий. Его статуи стояли во всех городах, а изображение чеканили на монетах. Император носил пурпурную тогу с золотой вышивкой, а в качестве короны — золотой лавровый венок. Императоры Траян, Калигула, Коммод многое сделали для укрепления Римской империи, но почти все они отличались суровым нравом и жестокостью.

КАК ОДЕВАЛИСЬ ДРЕВНИЕ РИМЛЯНЕ?

Мужчины, женщины и дети носили простую шерстяную или льняную тунику с поясом. Римские граждане-мужчины обязаны были на публике носить тогу — накидку из шерстяной ткани, которую оборачивали вокруг туловища, укладывали складками и закрепляли особыми прищепками — фибулами. Знатные люди носили белую тогу с красной полосой. Обувались римляне в разнообразные кожаные сандалии.

Как Калигула наградил лошадь?

Римский император Калигула отличался сумасбродством. Однажды он захотел, чтобы в сенате заседала его любимая лошадь. Конь занял место на трибунах среди важных сенаторов. Калигула требовал, чтобы коню предоставляли слово во время обсуждения государственных вопросов. И всем пришлось слушать ржанье...

КАКИМИ БЫЛИ РИМСКИЕ ГОРОДА?

В городах было много красивых зданий, дворцов, площадей со статуями и фонтанами. А кроме того, уже в те далекие времена римляне строили канализацию, общественные туалеты и бани. По краям проезжей части были тротуары. Только благодаря им на узких улицах пешеходы могли разминуться с повозками.

КАК ВЫГЛЯДЕЛ ДОМ БОГАТОГО РИМЛЯНИНА?

Комнаты в доме располагались вокруг внутренних двориков — атриумов, где били фонтаны. Стены комнат украшали фрески, мозаика и богатые ткани. Подогретый в топках воздух циркулировал по трубам, проложенным под полом жилых помещений, и в доме было тепло.

КАК И ЧЕМУ УЧИЛИСЬ ДЕТИ РИМЛЯН?

→ В 11 лет девочки и мальчики отправлялись в школу, которой руководил грамматик или учитель. Дети изучали греческий язык, ораторское искусство, стихосложение. Ученики писали на деревянных табличках, покрытых воском, выцарапывая буквы стилем — специальной тростниковой палочкой.

КАК ОТДЫХАЛИ ДРЕВНИЕ РИМЛЯНЕ?

→ Поскольку большую часть работы выполняли рабы, у римлян было много свободного времени. В римском календаре было 130 праздников в году, во время которых можно было не работать. Как и греки, римляне любили театр. Еще большим успехом пользовались гонки колесниц и сражения гладиаторов.

Праздник богини плодородия — Флоры

ПОЧЕМУ РИМЛЯНЕ ТАК МНОГО ВРЕМЕНИ ПРОВОДИЛИ В БАНЯХ?

→ Римские бани были местом отдыха и встреч с друзьями. В крупных городах строили большие банные дома (термы), оборудованные бассейнами с горячей и холодной водой и гимнастическими залами. Посетителей терм обслуживали рабы, обученные не только массажу, но и косметическим процедурам. Многие римляне ходили в баню ежедневно.

КАК СРАЖАЛИСЬ ГЛАДИАТОРЫ?

→ Сражение гладиаторов длилось, пока один из них не погибал или не был серьезно ранен. Он отбрасывал свое оружие в сторону и молил о пощаде. Если гладиатор хорошо сражался, император поднимал вверх большой палец руки — это означало, что ему оставляют жизнь.

КТО ТАКИЕ ЛЕГИОНЕРЫ?

Легионеры — солдаты регулярного римского войска. Легионеры служили 20 или 25 лет. Принимали в легионеры только римских граждан. Жизнь легионера была суровой и трудной. Выжив в многих сражениях, легионеры могли уйти на пенсию и жить обеспеченно.

ЧЕМ ЗАНИМАЛИСЬ РИМСКИЕ ВОИНЫ В СВОБОДНОЕ ОТ СРАЖЕНИЙ ВРЕМЯ?

Если войны не было, римские солдаты строили дороги, мосты и другие грандиозные сооружения. Римская империя славилась хорошими мощеными дорогами. Это способствовало расширению границ империи и процветанию торговли. В империи насчитывалось 85 тысяч километров дорог.

КТО БЫЛИ НАШИ ПРЕДКИ?

Нашими предками были многочисленные славянские племена, жившие по берегам рек Днепр, Днестр, Волхов, Ока и Западная Двина. Каждое племя называлось по-своему: поляне, древляне, волыняне, радимичи, вятичи, кривичи и другие.

КАК ЖИЛИ ВОСТОЧНЫЕ СЛАВЯНЕ?

Свои поселения восточные славяне укрепляли валами, рвами и частоколами из крепких бревен. Расчистив от деревьев землю, славяне сажали на ней хлеб. Труд пахаря был не только тяжелым, но и опасным, ведь в любую минуту могли напасть степные кочевники. Славянские воины защищали земледельцев. В быту славяне использовали глиняную посуду, изделия из кожи, дерева и металла. Труд гончара, кузнеца и других ремесленников был у славян в почете. Славянские женщины шили одежду, изготавливали обувь, выпекали хлеб, а мужчины занимались пчеловодством, рыбной ловлей и охотой.

КАК ВЫГЛЯДЕЛИ ИХ ДОМА?

Пол славянской хижины был углублен на метр в землю, стены делали из тонких стволов деревьев — жердей, очищенных от веток и коры. В углу стояла сложенная из камня печь, которая топилась «по-черному». Почти все свободное место в доме занимали стол и деревянные лавки. Спали на полу, на охапках сена, покрытых звериными шкурами.

Так выглядела славянская изба

КАКИЕ БОГИ БЫЛИ У ДРЕВНИХ СЛАВЯН?

Древние славяне поклонялись многим богам. Старшим считался бог Сварог, отец всех других богов, которых звали Сварожичами. Среди них особо почитался бог-громовник Перун. Кроме него в число Сварожичей входили Стрибог (бог ветра), Святобор (бог лесов), Ярило (бог плодородия) и другие.

ЧТО ТАКОЕ ЛЕТОПИСИ?

Летописи — это первые исторические сочинения на Руси. Первое собрание летописей было составлено в XI веке киевским монахом Нестором. В нем рассказывалось о древнейших временах, начале Русского государства и его первых князьях.

КТО ТАКИЕ РЮРИКОВИЧИ?

Рюриковичи — первые правители Руси. Династия Рюриковичей получила свое название от князя Рюрика и правила Русью свыше 700 лет. Когда столицей Русского государства стала Москва, началось правление великих князей московских из этого рода. Рюриковичами были Ярослав Мудрый, Александр Невский, Юрий Долгорукий, царь Иван Грозный и другие.

Где жил домовой?

Домовой — это волшебник, от которого зависело благополучие домашнего очага, домашнего скота. Домового представляли маленьким старичком с белой бородой. Домовой жил за печкой, куда надо было бросать мусор, чтобы он не покинул дом. Мог домовой обитать во дворе, в хлеве или в бане. Чтобы задобрить его, надо было принести туда домашнюю еду.

КТО ТАКИЕ МОНАХИ?

→ Монахи — это люди, которые уходили от суеты жизни в монастырь, чтобы служить Богу. Жизнь монахов была подчинена строгому распорядку. Чтобы прокормить себя, они много работали. В промежутках между работами усердно молились. Ели монахи только постную пищу. Монастырем руководил игумен, которому беспрекословно подчинялись другие монахи.

КАК БЫЛИ ВООРУЖЕНЫ РУССКИЕ ВОИНЫ?

→ У каждого русского воина был боевой доспех. Это — кольчуга, зерцала (четыре металлические пластины, прикрывающие грудь, спину и бока), шлем, наручи, прикрывающие руку от кисти до локтя, и поножи, защищающие ногу от стопы до колен. Вооружены русские воины были мечом, луком с оперенными стрелами, копьями и топорами.

Кирилл и Мефодий

ОТКУДА ПРОИЗОШЕЛ РУССКИЙ АЛФАВИТ?

Русский алфавит был составлен священниками Кириллом и Мефодием на основе греческого. Чтобы записывать переводы священных книг, они создали славянский алфавит, добавив новые буквы. Новую славянскую азбуку назвали кириллицей.

ЧТО ТАКОЕ ГАРДАРИКА?

В Древней Руси было очень много городов. Поэтому в старину ее называли Гардарикой, или Страной городов. Город строили на холме, недалеко от реки. В центре древнерусского города находился кремль — крепость с башнями и стенами. Дома вокруг кремля назывались подол — здесь располагались ремесленники и торговцы. Главным сооружением кремля был стоящий посреди площади собор.

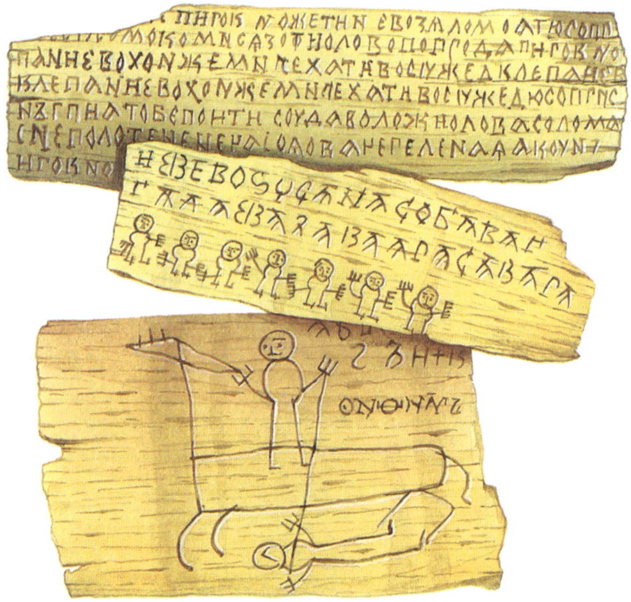

ЧТО ТАКОЕ БЕРЕСТЯНАЯ ГРАМОТА?

Для письма русичи использовали кусочки березовой коры. Слова на ней царапали писалом — костяной палочкой. Исписанные кусочки бересты — берестяные грамоты — археологи находят в Великом Новгороде и других древнерусских городах.

ЧТО ТАКОЕ КРЕЩЕНИЕ РУСИ?

В 988 году, то есть больше тысячи лет тому назад, великий киевский князь Владимир решил принять христианскую религию. Для этого на Русь были приглашены священники из Византии. Они разошлись, проповедуя учение Христа, по всей Русской земле. Обряд крещения проводили в водах реки. Так было в Киеве, Новгороде и других местах.

КОГДА БЫЛО ЛЕДОВОЕ ПОБОИЩЕ?

В 1042 году новгородский князь Александр Невский дал отпор немецким и ливонским рыцарям, пришедшим завоевать Русь. Сражение на льду Чудского озера, в котором армия рыцарей была наголову разбита, назвали Ледовым побоищем.

Кто такая ведьма?

Сказки про злую колдунью — ведьму знали уже древние славяне. Ведьма могла принимать звериный облик, летать по воздуху и делаться невидимой. Непременные спутники ведьмы — черный кот, летучие мыши, помело и, конечно, кочерга и ступа.

ГДЕ ЖИЛИ ДРЕВНИЕ ГРЕКИ?

Около 2500 лет назад греки жили на огромной территории, от южных границ России до Испании. Самыми крупными городами Греции были Афины и Спарта. В Афинах процветали науки и искусства, спартанцам же не было равных в воинском деле. В каждом греческом городе-государстве было свое правительство, свои законы и армия.

ЧЕМ СЛАВИЛИСЬ АФИНЫ?

Древние Афины славились небывалым расцветом искусства. На холме под названием Акрополь были воздвигнуты величественные храмы, которым не было равных в мире. Храм Парфенон поражал великолепными колоннами, каменной резьбой и статуями.

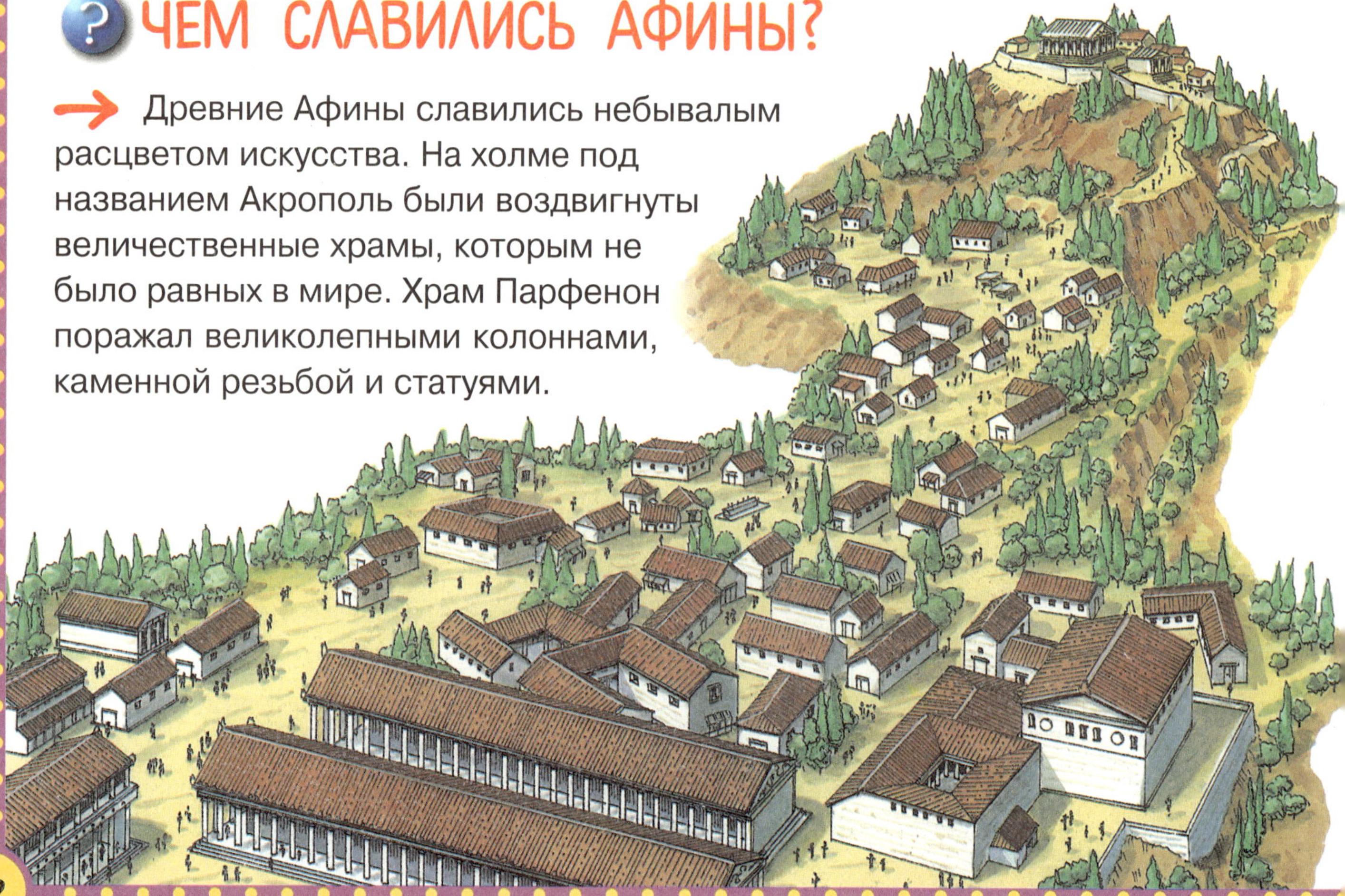

КАКИМ БОГАМ МОЛИЛИСЬ ДРЕВНИЕ ГРЕКИ?

Древние греки поклонялись множеству богов и богинь. Боги могли покровительствовать искусству, торговле, военным успехам и другим занятиям людей. Главным греческим богом был Зевс-громовержец, Арес был богом войны, а Афродита — богиней любви.

ХОДИЛИ ЛИ ДРЕВНИЕ ГРЕКИ В ТЕАТР?

Греки ходили в театр с большим удовольствием. В древнегреческом театре ставились пьесы двух родов — трагедии и комедии. Актеры выходили на сцену в масках. Женские роли играли мужчины, переодетые в женское платье.

КАК ПОЯВИЛИСЬ ОЛИМПИЙСКИЕ ИГРЫ?

Греки часто вели войны. Хорошие воины получались из сильных, крепких людей, поэтому спорт очень поощрялся в греческих городах. В честь богов проводились состязания атлетов. Самые известные из них проходили в городе Олимпия. Сюда съезжались атлеты со всей Греции.

ЧЕМ ПРОСЛАВИЛИСЬ 300 СПАРТАНЦЕВ?

Когда на Грецию напала громадная армия персидского царя Ксеркса, афиняне обратились за помощью к спартанцам. Те выслали на подмогу отряд своих лучших воинов во главе с царем Леонидом. 300 спартанцев геройски погибли, но смогли задержать в узком ущелье многотысячную армию персов на несколько дней.

КТО БЫЛ ПЕРВЫМ ВРАЧЕВАТЕЛЕМ?

Одним из первых прославился своим искусством врачевания древнегреческий врач Гиппократ. Он учил, что главная задача врача — помочь пациенту, отыскав причину болезни и устранив ее. Идеям Гиппократа врачи следуют по сей день. Они дают торжественную клятву, которая носит имя первого врача Греции, главный принцип которой: не навредить больному.

Как греки говорили с богами?

У богов можно было что-нибудь попросить. Но разговор с ними был делом нелегким. Для него требовалась специальная жрица по имени Пифия. Свои разговоры с богами Пифия вела в Дельфах при большом стечении народа. Она садилась на священный треножник и начинала что-то бормотать. Греки считали, что богам это нравится, и народ охотно передавал свои просьбы Пифии.

Животные и растения

Мир животных и растений на нашей планете очень богат и разнообразен. Каждый зверек или травинка по-своему интересны и неповторимы. Ведь все они созданы всемогущей Природой. К сожалению, человек не ценит это богатство, и многие виды животных и растений безвозвратно исчезли.

КАКОЕ ЖИВОТНОЕ НА ЗЕМЛЕ САМОЕ БОЛЬШОЕ?

Это синий кит. Его длина 30 метров, а вес — 150 тонн. От головы до хвоста этого гиганта можно выстроить шесть легковых автомобилей. А если представить себе огромные весы, то синего кита не могут перетянуть и 30 автобусов — целый автобусный парк! Вот какое это огромное животное — синий кит. Синий кит питается планктоном — крошечными растениями и животными, плавающими в верхних слоях океана. Он совершенно безобиден и не опасен для человека.

ЧТО ТАКОЕ ЗИМНЯЯ СПЯЧКА?

Некоторые животные — медведи, барсуки, ежи, лягушки — с наступлением холодов засыпают, и проснутся, только когда придет весна. Во время зимней спячки животные не растут, они не чувствуют холода и голода. Перед тем как впасть в спячку, звери стараются накопить в организме побольше жира, и это помогает им продержаться до весны, когда станет легче добывать пищу.

КТО НОСИТ СВОИХ ДЕТЕЙ В СУМКАХ?

Это сумчатые животные: кенгуру, опоссумы, коалы, сумчатые куницы. Они носят своих детенышей в сумке на животе, за что и получили такое название. Рыжий австралийский кенгуру — самое большое сумчатое животное, ростом около двух метров и весом до 90 кг. А вот рост кенгуренка всего два сантиметра, а вес — один грамм! Будущий кенгуру мог бы уместиться на ногте твоего большого пальца! В сумке матери он проводит шесть месяцев.

На кого похожи кенгуру?

Первые европейские переселенцы в Австралию во всем хотели завести свои порядки. Например, они решили, что кенгуру — это летающие собаки, и даже пытались посадить кенгуру на цепь. Вот как не повезло этим мирным животным, и все из-за того, что их мордочки и вправду напоминают собачьи.

КАКОЕ ЖИВОТНОЕ НА ЗЕМЛЕ САМОЕ ВЫСОКОЕ?

Это жираф. Благодаря своему росту, он может достать зеленые листья с очень высокого дерева и заметить любую опасность — будь то степной пожар или голодный хищник. Его шея длиной 6 метров. Жираф без труда может заглянуть в окно третьего этажа современного дома.

ЗАЧЕМ СЛОНУ ХОБОТ?

Хоботом слон нюхает, дышит, ощупывает предметы, всасывает воду, а также срывает траву и листья. Переплывая глубокую реку, слон поднимает хобот вверх и дышит через него, как ныряльщик через трубку. А еще хоботом очень удобно отшлепать расшалившегося слоненка.

ЗАЧЕМ ВЕРБЛЮДУ ГОРБ?

В пустыне верблюду без горба никак не обойтись — ведь именно в нем накапливается жир, который помогает ему выжить во время продолжительных переходов. У сытого, упитанного верблюда горб твердый, прямой. После долгого путешествия по пескам горб опадает и сваливается на одну сторону.

КАКОЙ ЗВЕРЬ САМЫЙ БЫСТРЫЙ?

Гепард — самое быстрое сухопутное животное на свете. Он может развить скорость до 112 километров в час! Мчаться с такой скоростью ему помогает похожий на пружину позвоночник. На бегу гепард то сгибает, то разгибает позвоночник, выбрасывая длинные ноги. Гепарды отличные охотники. Догнав добычу, гепард сбивает ее с ног и хватает сильными и острыми зубами, как это делают все кошки. Мало кому удается убежать от такого «гоночного автомобиля». У жертвы гепарда есть только одна надежда — пятнистый хищник может лететь с такой скоростью совсем недолго. Всего 2 минуты!

КАКАЯ ПТИЧКА САМАЯ МАЛЕНЬКАЯ?

Это — колибри-пчелка. Колибри машут своими крылышками с частотой до 80 раз в секунду. Они могут зависать над цветком и в это время своим длинным клювом высасывать из него нектар, которым они питаются.

ВСЕ ЛИ ПТИЦЫ ЛЕТАЮТ?

Летать умеют не все птицы. Самая большая птица — страус летать не может. Страусы очень быстро бегают, и даже малыш-страусенок не отстает от своих родителей и способен развить скорость до 65 километров в час — вполне достаточную, чтобы убежать от врагов. Не летают также киви, нанду, казуары и эму. У всех этих птиц нет в скелете одной косточки, которая помогает делать взмахи крыльями. Никто никогда не видел и летящего пингвина.

КАК ПАУК ПЛЕТЕТ ПАУТИНУ?

Паук плетет паутину с помощью специальных желез. Они выделяют жидкость, которая при соприкосновении с воздухом превращается в шелковистую нить. Вытягивая нить, паук поддерживает ее одной ногой. Садовый паук делает сначала большой квадрат из нити. Затем, двигаясь от центра к краю квадрата, он делает около тридцати стежков, напоминающих лучи.

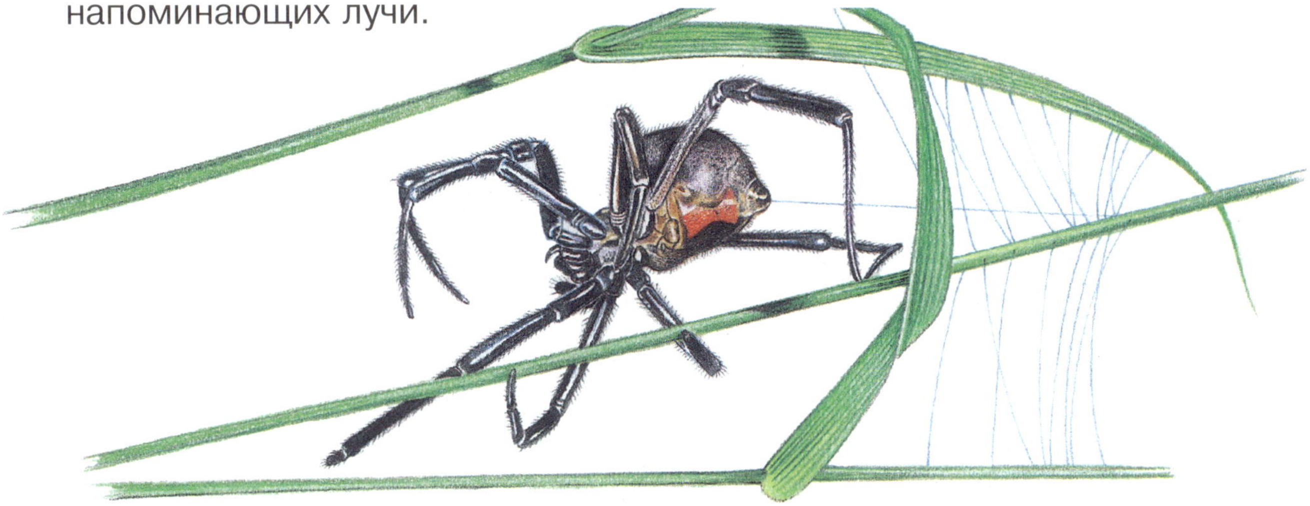

КТО НА ЗЕМЛЕ САМЫЙ БЫСТРЫЙ?

Сокол-сапсан — самый быстрый из всех обитателей Земли. Эта хищная птица, выследив жертву, бросается на нее с огромной высоты. Измерив скорость сапсана во время нападения, ученые обнаружили, что она достигает более 250 километров в час. Со скоростью около 170 километров в час могут летать и некоторые стрижи. В воде самый быстрый тунец. Он может плыть со скоростью около 70 километров в час.

КТО «ЛЕТАЕТ» В ВОДЕ?

«Летать» в воде могут рыбы скаты. Их плоское тело с плавниками, напоминающими крылья, приспособлено для скольжения вдоль дна, где скаты охотятся. Обитающие в Тихом океане манты — самые крупные из скатов. «Размах крыльев» многих из них больше 6 метров (почти как у дельтаплана), а вес достигает двух тонн. Скаты-хвостоколы, названные так за острые шипы у основания хвоста, в случае опасности колют врага шипом, впрыскивая сильный яд.

Спят ли рыбы?

Рыбы тоже спят. Правда, они умеют обходиться без подушек и кроватей, потому что даже во сне рыбы плывут, а точнее, висят в воде. Глаза рыбам тоже прикрыть нечем, и они для сна выбирают места поглубже, где солнечные лучи не пробиваются сквозь толщу воды.

КАКИЕ У АКУЛ ЗУБЫ?

Зубы у акул растут в несколько рядов. Если один или два зуба у акулы вдруг сломаются, на этом же месте появляется новый зуб, который выдвигается из заднего, запасного ряда. Зубы у акулы очень острые и крепкие. Ей и доску ничего не стоит перекусить. Но в еде все же надо быть разборчивее!

КАКИЕ РЫБЫ КУСАЮТСЯ?

В реке Амазонке в Южной Америке есть рыбки — пираньи. Сама рыбка красноватого цвета, небольшая, размером с ладонь, напоминает обычного карася. Кусаются пираньи не хуже собак. Их зубы острые как бритва. Когда пасть закрывается, верхние зубы попадают точно в промежутки нижних. Плавают прожорливые пираньи стаями.

Какая птица тяжелее всех?

Существуют птицы, которые, будучи очень и очень упитанными, легко и быстро летают, а также стремительно передвигаются по земле. Взрослая дрофа может набрать вес до 25 килограммов (стоит вспомнить, сколько ты весишь сам). Неудивительно, что после обеда дрофы обычно много прыгают на месте: так они пытаются похудеть.

ЧТО ПОМОГАЕТ ЛЬВУ ОХОТИТЬСЯ?

→ Львы отлично видят почти в полной темноте благодаря «зеркальцу» — оболочке их глаза, которая по-особому отражает свет. Поэтому глаза льва светятся в темноте. Кроме того, в ночной охоте львам помогают вибриссы — чувствительные волоски, называемые усами. Однако несмотря на свою силу, «царь зверей» ленив и любит поспать, а охотятся в львиной семье чаще всего львицы.

ЗАЧЕМ ИГЛЫ ДИКОБРАЗУ?

→ Иглы дикобраза — это особые волосы, надежное оружие обороны от обидчика. Увлеченный выкапыванием кореньев, дикобраз частенько замечает врага слишком поздно. И тогда, ощетинившись, он поворачивается спиной к обидчику, выставив распушившиеся хвостовые иглы. Вонзившись в чужака, иглы там и остаются.

ПАНДА — ЭТО МЕДВЕДЬ?

→ Панда — загадочный зверь. Когда смотришь на него, кажется, что медведь надел очки. Но на медведя панда похожа только на первый взгляд. Оказывается, панда... вовсе не медведь, а огромный енот! Впервые познакомившись с обитателем Китая — большой пандой, ученые были немало озадачены. Острые зубы панды напоминают клыки хищника, но при этом панды не питаются почти ничем, кроме молодых побегов бамбука, предпочитая их мясу.

ПОЧЕМУ РАСТЕНИЯ СБРАСЫВАЮТ ЛИСТЬЯ?

→ Осенью листья желтеют, опадают и устилают землю мягким ковром. Растения сбрасывают листья, чтобы сохранить в своем организме запасы воды. Вода нужна любому растению, летом растения получают ее из почвы, а зимой пользуются накопленными запасами.

КАК ПУТЕШЕСТВУЮТ СЕМЕНА РАСТЕНИЙ?

→ Семена путешествуют, прицепившись к шерсти животных. Плоды чертополоха имеют для этого специальные крючки. Некоторые семена путешествуют по воздуху. У семян клена есть лопасти, как у вертолета, а у семян одуванчика — маленькие парашютики. Кокосовый орех может долго плыть по морю, пока волны не выбросят его на берег. И там вырастает новая пальма!

Одуванчик

Клен

Кокосовый орех

КАКИЕ РАСТЕНИЯ ОПАСНЫ ДЛЯ ЧЕЛОВЕКА?

Среди известных человеку растений около 10 тысяч ядовитых. Ядовитыми могут быть и корни, и листья, и плоды. Некоторые растения даже нельзя брать в руки: при прикосновении ядовитый сок может проникнуть через кожу в кровь и вызвать отравление. Опасны яркие плоды жимолости, так называемой волчьей ягоды. Помни, что опасные растения яркие и привлекательные, но трогать их нельзя. Что может быть красивее ландыша! Но его ягоды и корни содержат ядовитые вещества.

Жимолость, или волчья ягода

КАК СПЯТ РАСТЕНИЯ?

Большинство растений ночью засыпает. Когда солнце скрывается за горизонтом и его лучи исчезают, цветки растений закрываются. Самая большая «соня» — кислица. Кислица растет в лесу. Ночью у нее не только закрываются цветы, но и листья сворачиваются в трубочку.

Кислица

ЧТО ТАКОЕ БАОБАБ?

Дерево баобаб растет в Африке. У него очень толстый ствол — ширина его 9 метров! За таким стволом легко может скрыться городской автобус или даже грузовик с прицепом. Плоды баобаба очень нравятся многим животным, но особенно любят лакомиться ими обезьяны.

ПОЧЕМУ ЖЕЛЕЗНОЕ ДЕРЕВО ТАК НАЗВАЛИ?

В горах у Каспийского моря растет железное дерево. Его древесина столь прочна, что ее можно сравнить с железом. Топор при ударе о такое дерево тупится, оставляя на стволе лишь едва заметные зарубки. Из этого дерева делают очень прочные вещи.

БЫВАЮТ ЛИ АРБУЗЫ ГОРЬКИМИ?

Те арбузы, которые растут в азиатской части нашей страны, отличаются сладкой, сочной мякотью, которую ты наверняка любишь. А вот в пустынях Африки точно такой же по виду арбуз может оказаться горьким на вкус. Может быть, поэтому африканцы не очень любят арбузы!

ИЗ КАКОГО ДЕРЕВА ГОТОВЯТ ПИРОГИ?

Саговник, растущий в жарких странах, очень похож на пальму. Но внутри своего ствола он содержит сюрприз — крупу саго, напоминающую по вкусу рисовую кашу. На праздник местные жители пекут пироги из этого дерева. Крупу саго перетирают в муку на специальных каменных терках. Из крупного саговника однажды удалось испечь 1000 пирогов!

Из чего делают шоколад?

Шоколадное дерево растет в Мексике. Плоды дерева созревают по бокам ствола, в каждом из них от 20 до 30 семян — зерен какао, из которых получается шоколад. Из Мексики шоколадное дерево попало в Европу, где было названо какао, что означает «божественный напиток».

Как испечь хлеб из хлебного дерева?

Хлебное дерево растет в Азии и внешне напоминает дуб. Местные жители очень любят и ценят это замечательное дерево. Остаться голодным рядом с хлебным деревом невозможно. Его похожие на ананас плоды прокалывают и оставляют на ночь. К утру мякоть плода начинает бродить, и из нее можно печь хлеб. Одно дерево может прокормить семью из 4—5 человек.

У КАКОГО РАСТЕНИЯ КОРНИ В ВОЗДУХЕ?

Лианы, растущие в джунглях, издавна удивляли путешественников своим необычным видом. Корни растут в воздухе по всему их длинному стеблю и свисают к земле, словно веревки. Достигнув земли, они зарываются и добывают лиане воду и питание. Из-за многочисленных лиан джунгли считаются непроходимыми.

Как растут грибы-силачи?

Это только с виду грибы беззащитные и нежные. На самом деле они могут взломать асфальт, если он окажется у них на пути. Когда им вздумается расти, они давят на все окружающее с силой семь атмосфер. Например, в шинах «Жигулей» давление всего две атмосферы, а вот чтобы накачать шину большегрузного самосвала, требуется как раз «грибное» давление.

ЧЕМ СЕКВОЙЯ ЗНАМЕНИТА?

Дерево секвойя растет в Америке. Это настоящий гигант, ведь с его кроны запросто можно заглянуть на крышу 30-этажного дома. Конечно, если найдется смельчак, который решится залезть на дерево высотой 112 метров! Подобные великаны встречаются и среди австралийских эвкалиптов.

ПОЧЕМУ КОНСКИЙ КАШТАН СВЕТОФОРОМ НАЗЫВАЕТСЯ?

Светофор в городе дает сигналы водителям и пешеходам. Светофоры встречаются и в природе. Цвет лепестков каштана служит своеобразным светофором для пчел и бабочек. Желтый цвет приглашает за нектаром, а красный — предупреждает, что цветок скоро завянет.

КТО КАКИЕ ЦВЕТЫ ЛЮБИТ?

→ Не только у отдельных людей, но и у целых народов есть любимые цветы. Гвоздика считалась у древних греков цветком богов. Самым почитаемым цветком в Древнем Риме и Афинах была фиалка. В Болгарии наибольшей любовью пользуется роза. На королевском гербе Франции изображены три лилии. Кроме лилий во Франции очень любят ландыши и красные гвоздики.

Колбаса растет на дереве?

Житель государства Уганда в Африке был бы очень удивлен этим вопросом. Ведь в тех краях собирать колбасу с деревьев — обычное дело. Правда, плоды колбасного дерева нельзя употреблять в пищу, хотя они и напоминают взаправдашнюю колбасу. Местные жители изготавливают из них желтую краску. Говорят, она очень долговечна.

Географические открытия

На карте мира много океанов, пустынь, ледников, островов среди бесконечных водных просторов. Но несколько веков назад такая же карта выглядела совсем по-другому: вместо привычных очертаний воды и суши на ней были белые пятна. Как же люди узнали, где и что находится? Это случилось благодаря географическим открытиям. Отважные путешественники стали первооткрывателями неизвестных мест на нашей планете.

Кто такой Синбад-мореход?

Это герой древней арабской сказки — удачливый купец, который побывал в самых диковинных местах на Земле. Не только в легендах, но и на самом деле арабские купцы были отважными путешественниками.

КАК ДРЕВНИЕ МОРЕПЛАВАТЕЛИ НАХОДИЛИ ДОРОГУ?

Солнце, луна и звезды — лучшие помощники в пути. Чтобы ориентироваться в море, путешественники использовали специальные приборы: астролябию, секстан, компас, подзорную трубу.

КТО РАССКАЗАЛ ЕВРОПЕЙЦАМ О КИТАЕ?

Знаменитый путешественник из Венеции Марко Поло впервые поведал европейцам об удивительных диковинках этой страны, где он провел 17 лет. Там он увидел множество изобретений, вещей и устройств, а также узнал секрет мороженого.

КТО ИЗ РУССКИХ ПЕРВЫМ ПОБЫВАЛ В ИНДИИ?

Купец родом из города Твери Афанасий Никитин совершил путешествие в Персию и Индию (1466—1474). В путевых записках «Хожение за три моря» он рассказал о своих странствованиях по Кавказскому побережью Каспийского моря, Персии, Индии, Турции, Крыму и югу Руси. На обратном пути из Индии, не дойдя до Смоленска, Никитин умер, а его рукописные тетради купцы привезли в Москву.

Васко да Гама

КАКОЙ ЕВРОПЕЕЦ ПЕРВЫМ ДОСТИГ ИНДИИ ПО МОРЮ?

→ Португальский мореплаватель Васко да Гама. Повернув на восток и обогнув мыс Доброй Надежды, каравеллы да Гама взяли на борт арабского рулевого, который помог добраться до Индии. Да Гама потерял два корабля , но вернулся в Португалию с грузом драгоценностей и главное — совершив важное географическое открытие.

Почему индейцев так назвали?

Сделал это путешественник Христофор Колумб. Он отправился искать Индию, но вместо Индии по ошибке приплыл в Америку. Колумб не привык отступать от намеченного. «Какая разница — Индия или Америка», — решил он и рассказал всем, что нашел Индию. А чтобы ни у кого не возникало сомнений, назвал жителей Америки индейцами.

КТО СОВЕРШИЛ ПЕРВОЕ КРУГОСВЕТНОЕ ПУТЕШЕСТВИЕ?

Первое путешествие вокруг света совершил португальский мореплаватель Фернан Магеллан. В 1519 г. он отправился в плавание. Путь был очень долгим и трудным. Большая часть команды и сам Магеллан погибли в пути. Лишь восемнадцати смельчакам под предводительством капитана Себастьяна Элькано удалось завершить задуманное Магелланом.

Фернан Магеллан

Корабль Колумба — «Санта-Мария»

ЧТО ОТКРЫЛ ХРИСТОФОР КОЛУМБ?

Злую шутку сыграл шторм с генуэзским мореплавателем Христофором Колумбом. В 1492 г. он отплыл из Испании на запад на трех кораблях в поисках морского пути в Индию и Китай, но из-за непогоды корабли изменили курс, и вместо Индии Колумб открыл Америку.

Фрэнсис Дрейк

КТО ИЗ ПИРАТОВ БЫЛ ЗНАМЕНИТЫМ МОРЕПЛАВАТЕЛЕМ?

→ Фрэнсис Дрейк, известный английский пират, разбогатевший на грабежах испанских кораблей. Между 1577 и 1578 годом Дрейк совершил второе в истории (после Магеллана) кругосветное путешествие. Следуя по пути Магеллана вокруг Южной Америки, он возвратился в Англию в 1580 году.

КТО ПОКОРИЛ АЦТЕКОВ И ИНКОВ?

→ В середине XVI века испанские завоеватели-конкистадоры приступили к покорению Центральной Америки. Они были жестокими и хитрыми людьми. Испанец Франсиско Писсаро захватил в плен короля инков и требовал выкуп. Когда инки отдали ему золото, Писсаро все же погубил их короля.

ЧТО НОВОГО ПОЛУЧИЛА ЕВРОПА ИЗ АМЕРИКИ?

Из Америки испанцы привезли в Европу огромное количество золота и серебра, а также множество удивительных овощей и фруктов. Именно Южная Америка является родиной картофеля и томатов, апельсинов, какао и перца.

КТО ПОКОРИЛ СИБИРСКОЕ ЦАРСТВО?

Знаменитый казачий атаман Ермак Тимофеевич. Бесстрашный воин, он по велению русского царя отправился покорять новые земли в Сибирь. На его пути встали войска хана Кучума. В бою с казаками Кучум потерпел поражение. Местные племена со своими князьями сами стали приходить к Ермаку и просить принять их в русское подданство.

КТО ТАКОЙ ВИТУС БЕРИНГ?

Витус Беринг

Отважный мореход и исследователь, В. Беринг открыл пролив между Азией и Америкой, который стал называться Беринговым. В ходе северных экспедиций под руководством В. Беринга было исследовано и нанесено на карту практически все побережье Северного Ледовитого океана.

КАК БЫЛА ОТКРЫТА АВСТРАЛИЯ?

Задолго до открытия Австралии географы подозревали, что севернее экватора должен находиться еще один континент. В 1770 году на берегах Австралии высадился знаменитый путешественник адмирал Кук, посланный Британским Адмиралтейством. Спутники Кука впервые обнаружили в Австралии удивительных животных — кенгуру и коала.

Джеймс Кук

КТО ИССЛЕДОВАЛ АФРИКУ?

Самым знаменитым исследователем Африки стал шотландский путешественник Дэвид Ливингстон, который прошел по ее землям более 50 тысяч километров. Путешествия по этому континенту были трудными и опасными. Участников экспедиции поджидали здесь смертельные болезни, свирепые звери и враждебно настроенные племена туземцев.

Григорий Шелехов

КТО ОСНОВАЛ РУССКУЮ АМЕРИКУ?

Огромную роль в освоении Русской Америки сыграл Григорий Иванович Шелехов, русский ученый и просветитель. Он основал на берегах Аляски первые русские поселения, знакомил местных жителей с достижениями цивилизации, помогал строить теплые и удобные дома, похожие на русские избы, создавал школы, сам обучал грамоте эскимосских детей.

Великие изобретения

Изобретения делают изобретатели. Изобретатели — люди с пытливым умом, которые создают новые технические приспособления. Одни изобретения, такие как телефон, телевизор, автомобиль, повлияли на образ жизни человека, а другие — например, изобретение колеса или бумаги — изменили весь ход человеческой истории.

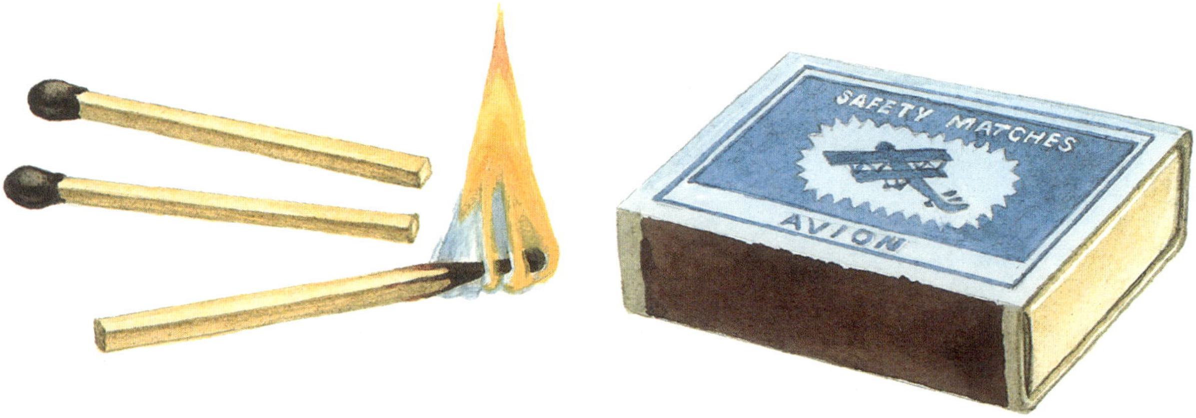

КТО ПРИДУМАЛ СПИЧКИ?

Первые спички появились в Китае в 577 году. Для разжигания огня китайцы использовали небольшие сосновые палочки, которые окунали в расплавленную серу, а затем тщательно высушивали. Когда такими палочками чиркали по чему-нибудь твердому, они загорались. В Европу спички из Китая попали в XVI веке.

ПОЧЕМУ ПОЛЕЗНО ЕСТЬ МОРОЖЕНОЕ?

Древний врач Гиппократ советовал есть «замороженный крем», который, по его мнению, улучшал самочувствие. Большим любителем мороженого был прославленный полководец Александр Македонский. В XIV веке итальянский путешественник Марко Поло сумел добыть в Китае различные рецепты мороженого. Но еще три века секрет его изготовления держали в тайне. Полакомиться мороженым можно было только при царском или королевском дворе.

КАК ПОЯВИЛИСЬ ОЧКИ ОТ СОЛНЦА?

Первые очки с окрашенными желтыми и зелеными стеклами появились в середине XIX века в Англии. Однако назначение у них было иным: они защищали глаза пассажиров первых железных дорог. Вагоны тогда были открытыми, а от паровоза летел дым, смешанный с искрами и угольной пылью. Красили же стекла очков еще и для того, чтобы глаза меньше уставали от постоянного мелькания яркого света.

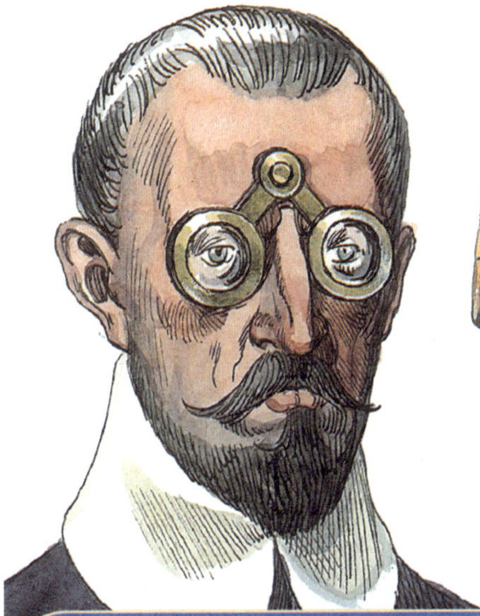

Где родилась зубная щетка?

Прабабушка зубной щетки была известна еще древним римлянам. Это были палочки из мягкой древесины. На Руси после трапезы пользовались «зубной метлой» — палочкой с пучком щетины на конце. Привычная нам щетка была изобретена в конце XVIII века в Германии.

ЗАЧЕМ НАМ КРЫША НАД ГОЛОВОЙ?

Идея носить «крышу над головой» возникла у людей очень давно. Зонт знали на Востоке и в Китае. Современный же зонт изобрел англичанин Джон Хенвей, который первым появился на улицах Лондона в 1756 году с зонтом в руках. Его сооружение весило почти 4,5 килограмма; спицами служили огромные рыбьи кости, обтянутые плотной материей вроде брезента.

Как появилось слово «брюки»?

Однажды римские легионеры встретились с воинственными кочевыми народами. Их воины-всадники носили странное одеяние — штаны из кожи. Так ездить верхом было удобнее, и римляне тоже обзавелись штанами. Штаны стали называть «брокатами», что значит «одежда дикарей». Так появилось слово «брюки».

ГДЕ ИЗОБРЕЛИ КОЛЕСО?

→ Никто не знает, когда появилось колесо. Большинство ученых полагает, что колесо впервые применили около 3500 года до нашей эры гончары в Месопотамии (современный Ирак). Первая колесная повозка изображена на древней мозаике (3200 год до нашей эры).

КТО ПОСТРОИЛ ПЕРВЫЙ АВТОМОБИЛЬ?

→ В 1875 году австриец Зигфрид Маркус собрал двигатель, работающий на газе, и приделал его к четырехколесной ручной тележке. Так появился предок современного автомобиля. Первые настоящие автомобили были созданы независимо друг от друга, но примерно в одно и то же время (1885—1886) двумя немецкими инженерами Карлом Бенцем и Готлибом Даймлером.

Первые экипажи Карла Бенца

КТО ИЗОБРЕЛ БУДИЛЬНИК?

→ Первые часы могли быть солнечными или водяными. Первый будильник и одновременно школьный звонок на Земле тоже был водяным. Его изобретателем считают древнегреческого философа Платона. Прибор состоял из двух сосудов. В верхний наливалась вода, откуда она понемногу вытекала в нижний сосуд, вытесняя воздух. Воздух по трубке устремлялся к флейте, и она начинала звучать.

КАКИЕ КОНФЕТЫ БЫЛИ В ДРЕВНОСТИ?

→ Конфеты люди ели с незапамятных времен. Правда, они были мало похожи на те сладости, которые ты можешь увидеть в магазине. Современные люди пьют чай с шоколадом, карамелью или леденцами, а вот начинкой древнеегипетских конфет были сладкие финики. Сахар был еще не известен людям, поэтому сладости готовили из меда и фруктов. Настоящие, похожие на современные, конфеты, появились лишь в XVII веке во Франции.

ГДЕ ХОДИТ САМЫЙ БЫСТРЫЙ ПОЕЗД?

Самый быстрый рельсовый поезд ходит во Франции. Он без пассажиров способен развить скорость до 380 километров в час, а с пассажирами — 270 километров в час. В Японии создан поезд на магнитной подушке, развивающий скорость до 400 километров в час. Он больше похож на ракету, и у него не два рельса, а один.

КОГДА ИЗОБРЕЛИ ВЕЛОСИПЕД?

На велосипеде катались еще древние египтяне. Несколько веков спустя их изобретением заинтересовался русский инженер Е. М. Артамонов. В 1801 году он приехал на своем «самокате» с Урала в Москву, проделав путь более 1000 километров.

Один из первых велосипедов в Европе

КТО ПОСТРОИЛ ПЕРВУЮ В РОССИИ ЖЕЛЕЗНУЮ ДОРОГУ?

Ефим Алексеевич и Мирон Ефимович Черепановы, отец и сын, — выдающиеся русские изобретатели-самоучки. В 1830-х годах они изготовили более 20 оригинальных паровых машин, создали уникальные станки. Но самым главным делом Черепановых стало строительство первой русской железной дороги и первых в России паровозов.

Паровоз Черепановых

ГДЕ ПОЯВИЛСЯ ПЫЛЕСОС?

Первый пылесос был создан в Англии в 1901 году и получил название «Пыхтящий Билли». Он был так велик, что служащие компании перевозили его от дома к дому в конной повозке. Шланги для очистки ковров от пыли подавали в окна. Пылесос пользовался таким успехом, что с его помощью чистили даже церемониальный ковер в Вестминстерском аббатстве перед коронацией короля Эдуарда VII.

ЧЕМ ДРЕВНИЕ ЕГИПТЯНЕ ПИСАЛИ НА ПАПИРУСЕ?

Древняя египетская ручка и дощечка для письма

«Создателями» авторучки можно считать древних египтян. Среди сокровищ Тутанхамона ученые обнаружили медную ручку со вставленной в нее свинцовой заостренной трубочкой. Внутри трубочки находилась тростинка. Ее заполняли темной жидкостью, которая просачивалась по волокнам стебля и накапливалась на заостренном конце. При письме оставался четкий след на папирусе.

Как придумали танк?

Во время Первой мировой войны в английской армии хранили запасы воды в толстых стальных бочках. Бережливые англичане не хотели выбрасывать пустые бочки и приспособили к ним колеса, сделали прорезь и внутрь посадили пулеметчика. Теперь в атаку ходили пулеметчики в бочках. Назвали их танками.

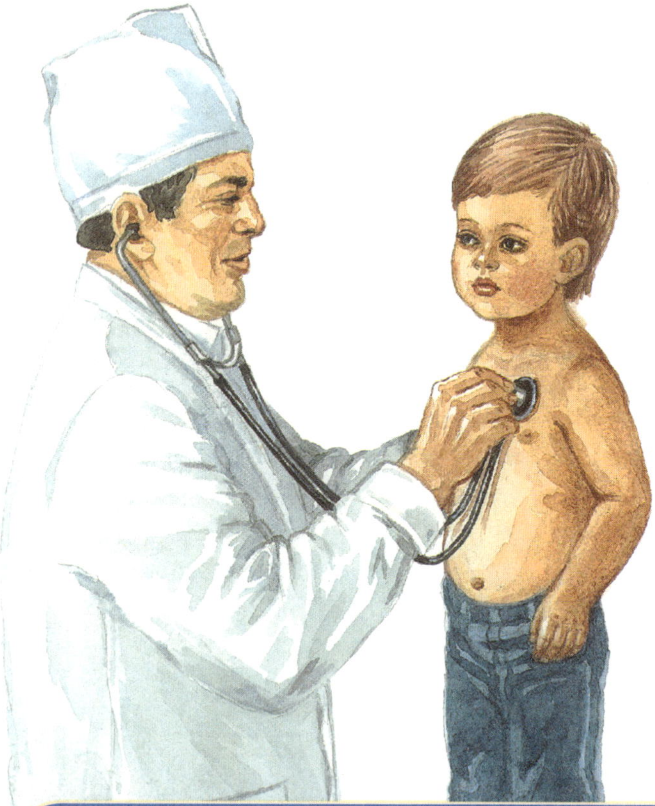

ЧТО ТАКОЕ СТЕТОСКОП?

Стетоскоп ты наверняка видел. С помощью этой специальной трубочки врач слушает больного. Право на это изобретение принадлежит французскому врачу Рене Леннеку. Он скатал в трубку бумажный лист. Приставив один конец трубки к груди больного, а другой — к своему уху, он услышал биение сердца пациента. Свое изобретение Леннек назвал стетоскопом.

Как пользовались мылом?

Мыло как средство для мытья было известно с древнейших времен. Делая мыло из соли, растений и золы, им с удовольствием умывались древние греки и римляне. Однако древние вспоминали про мыло не только когда им требовалось помыться. Дело в том, что с помощью мыла в древности умели красить волосы в желтый, розовый и красный цвета.

Один из первых телефонов

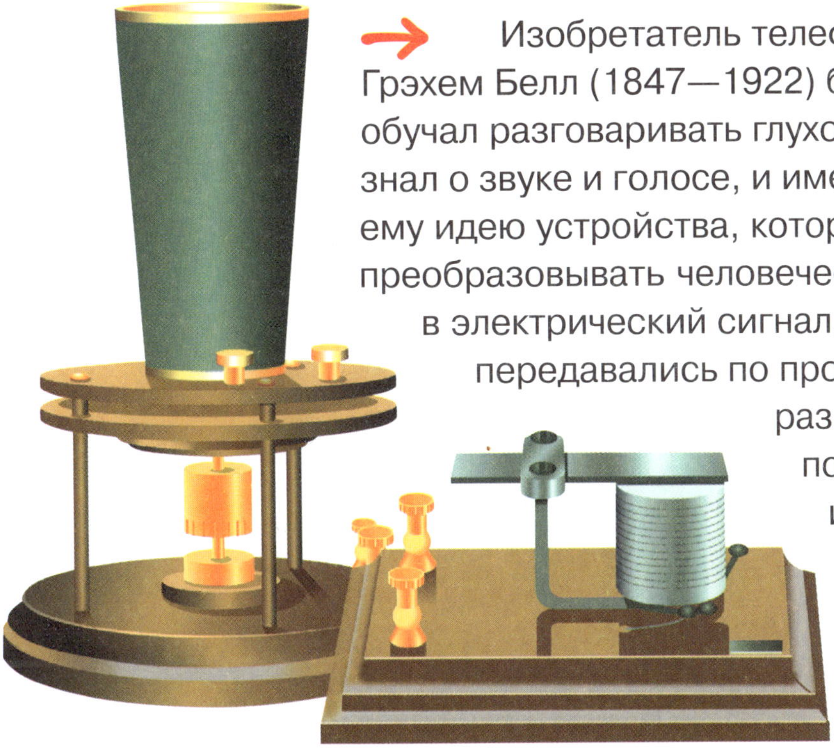

КАК ПОЯВИЛСЯ ТЕЛЕФОН?

Изобретатель телефона — шотландец Грэхем Белл (1847—1922) был врачом, который обучал разговаривать глухонемых. Он много знал о звуке и голосе, и именно это подсказало ему идею устройства, которое может преобразовывать человеческий голос в электрический сигнал. Такие сигналы передавались по проводам в миллион раз быстрее, чем звук по воздуху. Так Белл изобрел телефон. Первый разговор по телефону состоялся в 1876 году.

КАК УСТРОЕНО ЗЕРКАЛО?

В Средние века зеркалами славились стеклодувы Венеции. На ровное стекло накладывали они тонкий слой олова, а сверху наливали ртуть. Такой раствор намертво прилипал к стеклу. Так делали зеркала, пока врачи не доказали, что ртуть опасна для человека. Обойтись без зеркал люди уже никак не могли и вскоре заменили ртуть на серебро. Сейчас в зеркалах используют серебряное напыление.

Развлечения и спорт

За свою историю люди научились не только воевать и бороться со стихией или друг с другом, но и играть и развлекаться. У каждой спортивной игры, театра, цирка — своя история, и часто очень увлекательная. Отдых — это такая же важная часть нашей жизни, как работа или учение.

ГДЕ РОДИНА БАДМИНТОНА?

Впервые эта древняя игра появилась в Японии. Японские дети очень любили новогоднее развлечение — игру в волан. В качестве ракетки они использовали лопатки из легкого дерева, а воланом служил соевый боб. А название свое игра получила от названия английского городка Бадминтон в 1872 году. В этом городе впервые были проведены соревнования по бадминтону.

КОГДА ПОЯВИЛСЯ ПЕРВЫЙ ЦИРК?

Первым цирковым актером был отставной английский кавалерист Филип Астлей, который в 1768 году огородил канатом площадку под открытым небом и стал брать плату с желающих посмотреть на его мастерство в верховой езде. Привычный нам купол появился над цирком много позднее. Первый куполообразный цирк был построен в1895 году во Франции.

Что такое гольф?

Гольф — так называлась в Голландии клюшка для игры в мяч. А придумали эту игру древние римляне. В нее играли набитым перьями кожаным мячом и загнутой палкой. Несколько веков спустя эта игра пришлась по вкусу голландцам и англичанам. Они стали проводить за гольфом столько времени, что в Англии даже вышел указ короля, разрешавший игру в гольф только в выходной.

Когда появился дартс?

Согласно легенде, дартс (метание дротиков в мишень) как игра появился во времена английского короля Генриха VII (1457—1509). Однажды, опасаясь подвергать свою болезненную, но обожавшую охоту супругу излишнему риску, король решил вместо охоты предложить ей бросать дротики в изображение головы быка. Поэтому англичане до сих пор называют центр мишени бычьим глазом.

ГДЕ ПРИДУМАЛИ САМБО?

→ Борьба самбо (самооборона без оружия) была придумана в России в конце 1920 — начале 1930-х годов. В нее вошли приемы из национальной борьбы многих народов. Сейчас борьбу самбо изучают в армии, милиции, а также ею могут заниматься все желающие в спортсекциях.

КАК ИГРАЛИ В БАСКЕТБОЛ В ДРЕВНОСТИ?

→ Две с половиной тысячи лет назад в эту игру играли индейцы Южной Америки. Они закидывали шары в высоко прикрепленные деревянные кольца. Браться за шар руками не разрешалось — играли локтями, коленями и бедрами. Современный же баскетбол появился в одном из колледжей Америки в 1890 году.

Китайские танцовщицы

ГДЕ ВОЗНИК ПЕРВЫЙ ТЕАТР?

В Китае первые театральные представления напоминали танцы на специальных крытых площадках перед храмами. В Древней Индии заднюю стену таких площадок украшали тканями. Но больше всего для развития театра сделали древние греки. В греческом театре была сцена, зрители сидели на склонах холма, специальный механизм изображал раскаты грома и шум дождя. Первый театр в мире был построен в греческом городе Афины.

Как появились шахматы?

Шахматы впервые появились в Индии. Индийцам эта игра так понравилась, что они не только посвящали шахматам все время, свободное от заклинания змей, но обучили игре и другие народы. Индийцы считали, что война преступна, и, чтобы играть в войну понарошку, придумали шахматы.

КОГДА СОСТОЯЛАСЬ ПЕРВАЯ ОЛИМПИАДА?

Это произошло в 776 году. Атлеты — участники игр — обязаны были выступать во всех видах соревнований, включавших бег, прыжки, метание копья, борьбу, бег в доспехах и другие состязания.

ОТКУДА У ТЕННИСА ТАКОЕ НАЗВАНИЕ?

В теннис играли древние греки и римляне, а позже и французы. Подающий ударял по мячу и кричал «Тэнне!», что по-французски означает «Держите!». Это слово и закрепилось в качестве названия игры. Теннис называют королевской игрой из-за большого интереса, проявленного к нему королями Франции и Англии. Самое известное и престижное соревнование теннисистов — Уимблдонский турнир — проводится в Великобритании с 1877 года.

ЧТО ИЗОБРАЖЕНО НА ОЛИМПИЙСКОМ ФЛАГЕ?

Пять колец на олимпийском флаге — это пять частей света: Африка, Азия, Австралия, Европа и Америка. Кольца соединены друг с другом в знак единства между народами. Каждая команда, участвующая в соревнованиях, имеет на своем флаге хотя бы один из цветов большого олимпийского флага.

ПОЧЕМУ КОНЬКИ НАЗВАЛИ КОНЬКАМИ?

Коньки появились в середине XV века в Голландии. На Руси коньки назвали так за форму их носа, который напоминал конскую голову. Катались в те времена на деревянных коньках с металлическими полозьями. А самые первые изобретатели коньков — жители Севера, — отправляясь в путь по закованной в лед реке, привязывали к обуви ремнями кости животных или моржовые клыки.

СКОЛЬКО ЛЕТ БАЛЕТУ?

Балету около 500 лет. Он появился в Италии. Это был один из видов дворцовых развлечений. Представление соединяло в себе танец, музыку, пантомиму, поэзию и драму. Первыми танцорами балета были короли и аристократы, танцевальные па были взяты из придворных танцев того времени.

КАК ПОЯВИЛИСЬ ПЕРВЫЕ КНИГИ?

В Средние века книги неспешно и тщательно переписывали в монастырях, копируя буквы и рисунки. Современный способ книгопечатания изобрел в XV веке немец Иоганн Гуттенберг. При печати сло́ва в книге собирали из металлических букв и делали с них оттиск. Первая русская печатная книга — «Апостол» — была выпущена 1 марта 1564 года Иваном Федоровым.

СКОЛЬКО ВИДОВ ХОККЕЯ?

В современном спорте существуют три основных вида хоккея — на льду с шайбой (официальное название хоккей на льду), на льду с мячом (бенди) и на траве (хоккей). Хоккей с шайбой зародился в Канаде более ста лет тому назад. Первыми в хоккей на льду начали играть английские солдаты на замерзшей поверхности озера Онтарио.

На чем катался бог Зимы?

Древние скандинавы обычно изображали своего бога Зимы на лыжах. Скандинавия — северная страна, и лыжи были известны там с незапамятных времен. Древние лыжи — это две дощечки, к которым для лучшего скольжения прибивали снизу мех. Вместо лыжных палок часто пользовались копьями.

ГДЕ ВПЕРВЫЕ ОТКРЫЛСЯ ЗООПАРК?

Зоопарк — это место, где содержат и показывают различных животных. Первый известный в истории зоопарк — «парк познания» открылся в 1150 году в Китае. Он был собственностью китайского императора. В зоопарке жили диковинные животные, птицы и рыбы.

Кто придумал пинг-понг?

Это сделал английский инженер Д.Гибс в 1894 году. Его жена любила играть в настольный мяч. Шарик в этой игре напоминал волан с жесткими перьями, а такие воланы рвали платья у играющих дам. Гибсу надоело тратиться на портного, и он изобрел новый шарик из «прыгучего» целлулоида.

КОГДА ПОЯВИЛОСЬ ФИГУРНОЕ КАТАНИЕ?

→ Фигурное катание на коньках как вид спорта появился в Европе в 1860-е годы. Первый чемпионат континента в одиночном катании состоялся в 1891 году. В России фигурное катание стало популярно с конца XIX века, и именно в Петербурге был проведен первый чемпионат мира.

КОМУ ИЗ НАШИХ ФУТБОЛИСТОВ ПОСТАВЛЕН ПАМЯТНИК?

→ Русский футболист Анатолий Бышовец на чемпионате мира в Мексике в1970 году сравнялся по количеству забитых мячей (4 мяча) с легендарным футболистом Бразилии Пеле. А. Бышовец показал игру мирового класса и заслужил симпатии и восхищение сотен зрителей. Болельщики в знак признательности чемпиону установили на мексиканском стадионе «Ацтека» бронзовый бюст А. Бышовца!

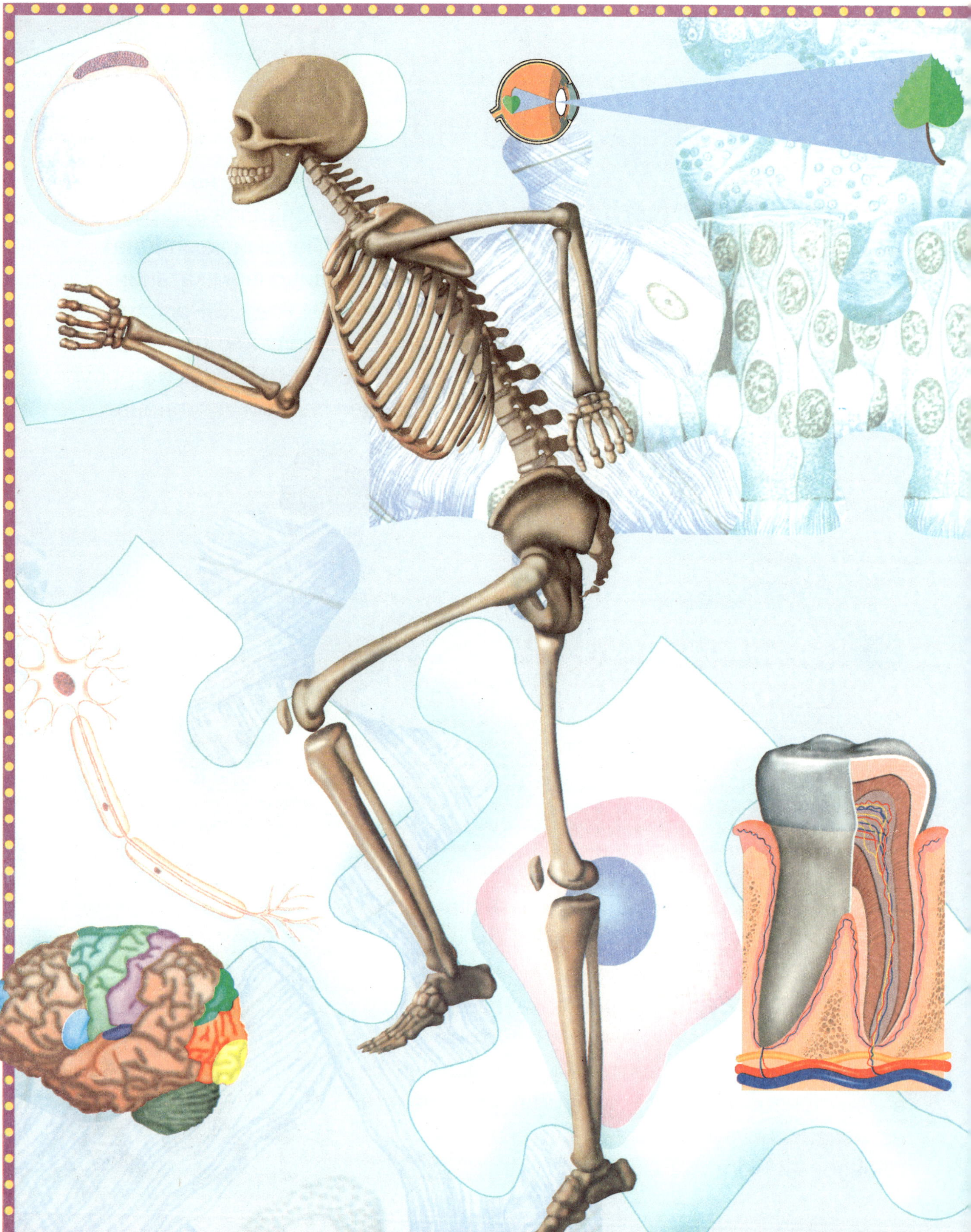

Наше тело

Наш организм подобен мотору очень сложной машины, и иногда непросто разобраться, какой механизм для чего нужен. Из вопросов этого раздела ты узнаешь много интересного о своем теле: какой орган где расположен, как работает и как выглядит.

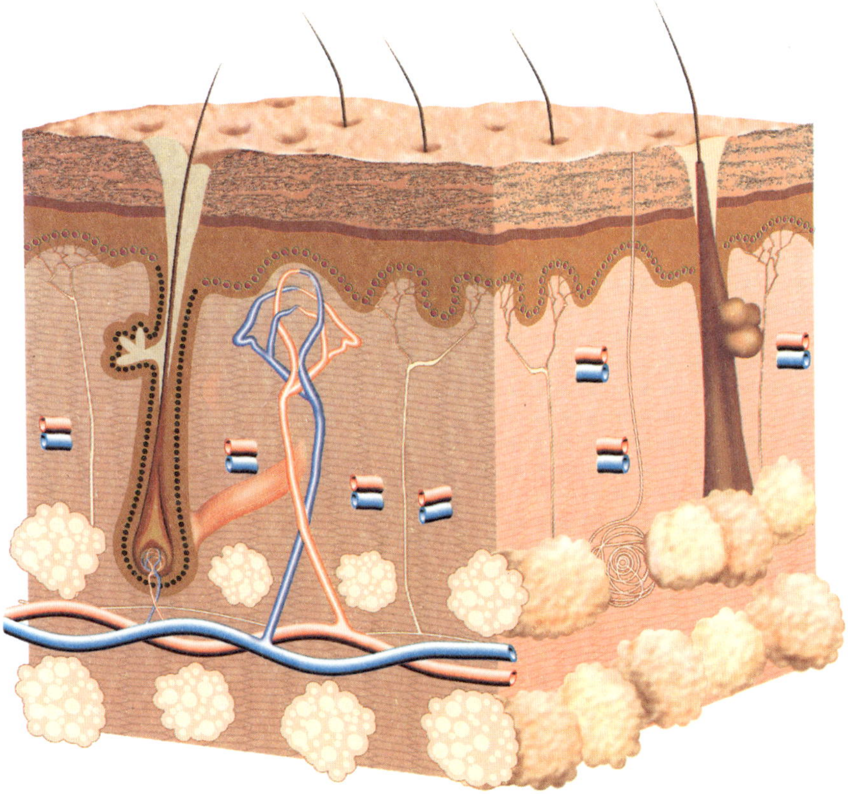

ЧТО ТАКОЕ КОЖА?

Кожа — это прочный эластичный покров, который защищает тело человека. Она сохраняет влагу в теле, ограждая его от пересыхания и проникновения грязи и микробов. Кожа бывает разной толщины — от 1 миллиметра на веках до 5 миллиметров и более на ступнях ног. Под кожей находится тонкий слой жира, который согревает наше тело.

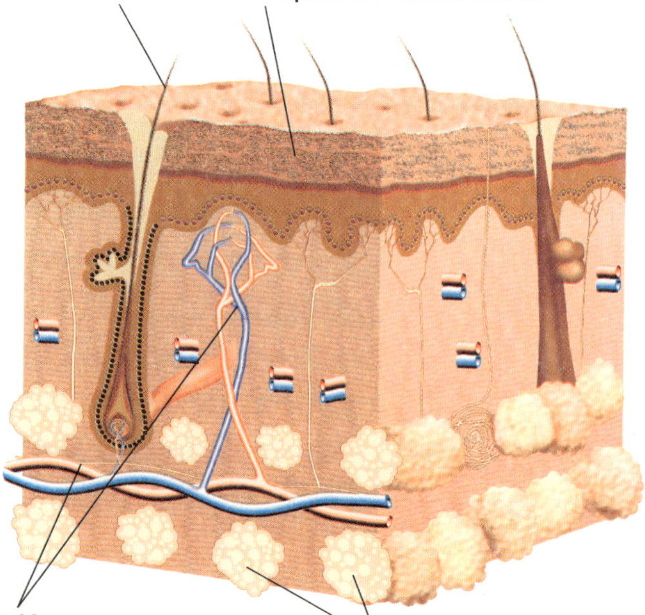

ДЛЯ ЧЕГО НУЖНЫ МЫШЦЫ?

Мышцы заставляют различные части тела совершать движения. Мышцы лица управляют движением щек, бровей, носа, рта, нижней челюсти. Другого типа мышцы работают в пищеводе, желудке и кишечнике, доставляя и перерабатывая пищу. Сердце относится к третьему типу мышц — оно работает постоянно, разнося кровь по всему телу.

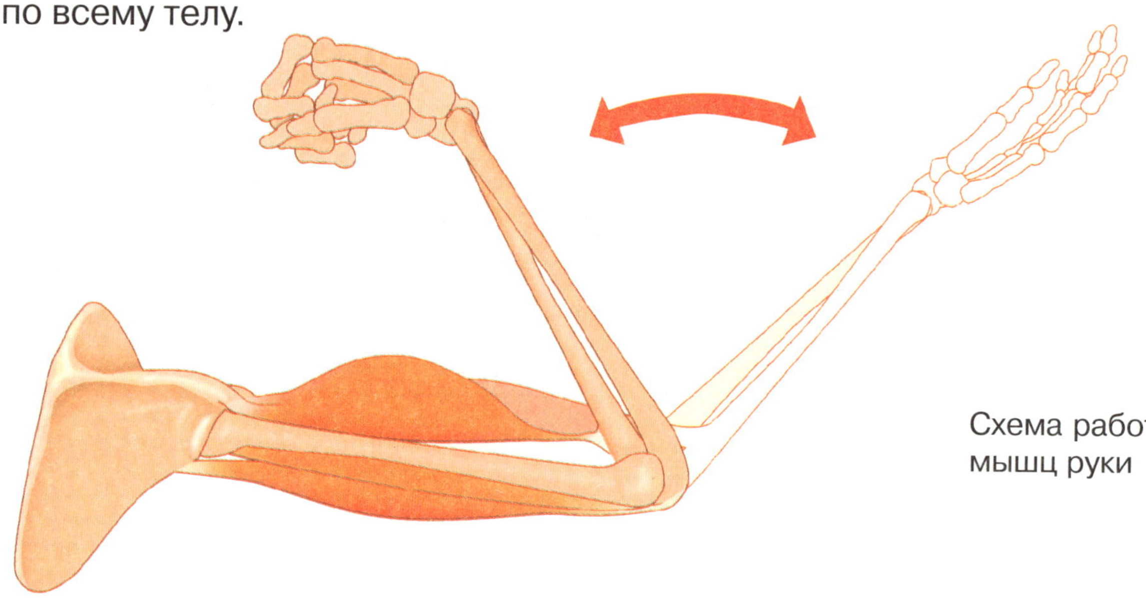

Схема работы мышц руки

ЧТО ТАКОЕ ПОЗВОНОЧНИК?

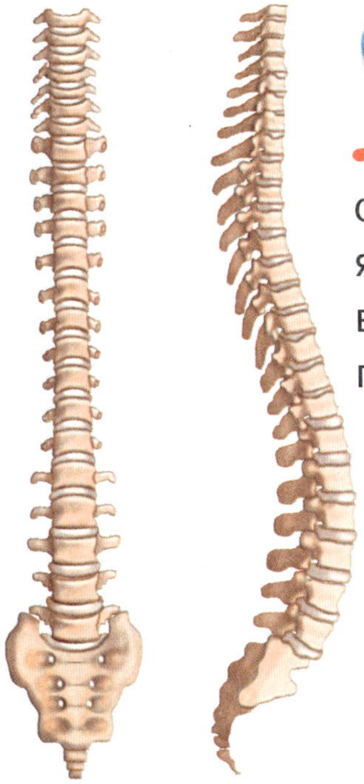

Позвоночный столб

Тридцать три позвонка, соединенные хрящами, образуют прочный остов — позвоночник, который является опорой нашего туловища. Это одна из самых важных частей нашего организма. Благодаря его гибкости мы можем сгибаться и поворачиваться. Позвоночник держит наше тело, когда мы сидим или стоим. Внутри позвоночника находится спинной мозг и кровеносные сосуды, поэтому повреждения позвоночника очень опасны. Если ты сидишь за столом согнувшись, позвоночник может искривиться.

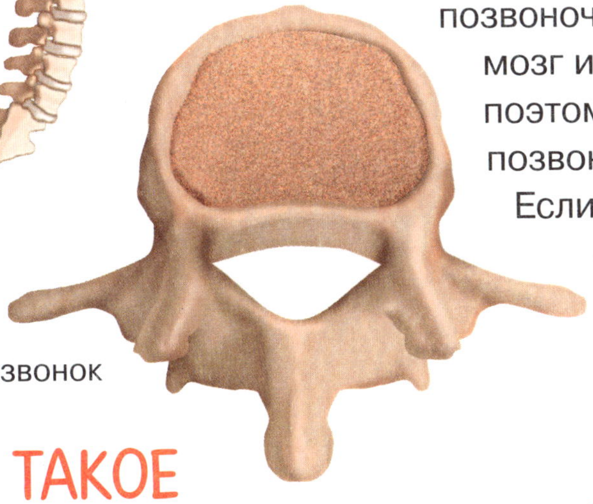

Позвонок

ЧТО ТАКОЕ СУСТАВ?

Там, где сходятся две кости, их концы образуют разнообразные соединения — суставы. Суставы прочные, но подвижные. Они позволяют нам совершать различные движения. Для смягчения движения суставы покрыты мягкими, желеобразными хрящами. Кроме того, во многих суставах содержится особая жидкость, которая, как масло, смазывает их во время движения.

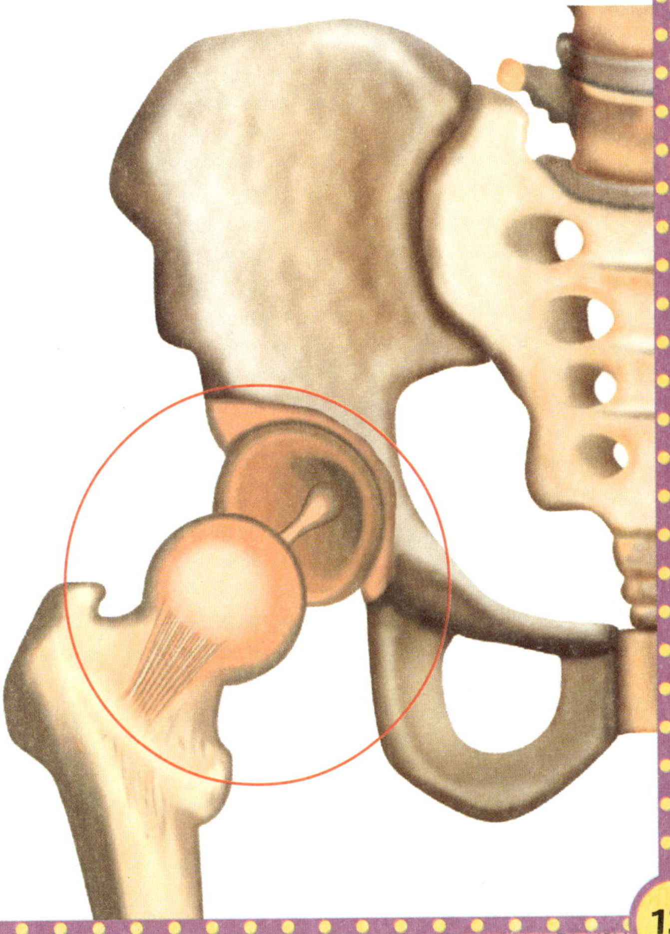

КАК МЫ ВИДИМ?

Мы видим предмет, когда свет, отразившись от него, попадает нам в черный кружочек в центре глаза, который называется зрачком. Лучи света проникают через него в другие части глаза, проходят через хрусталик, и на задней стенке глаза (сетчатке) возникает перевернутое изображение того, что мы видим. Нервные окончания сетчатки посылают сигналы по зрительному нерву в мозг, где они преобразуются в изображение. При этом мозг переворачивает его, и мы видим предмет правильно.

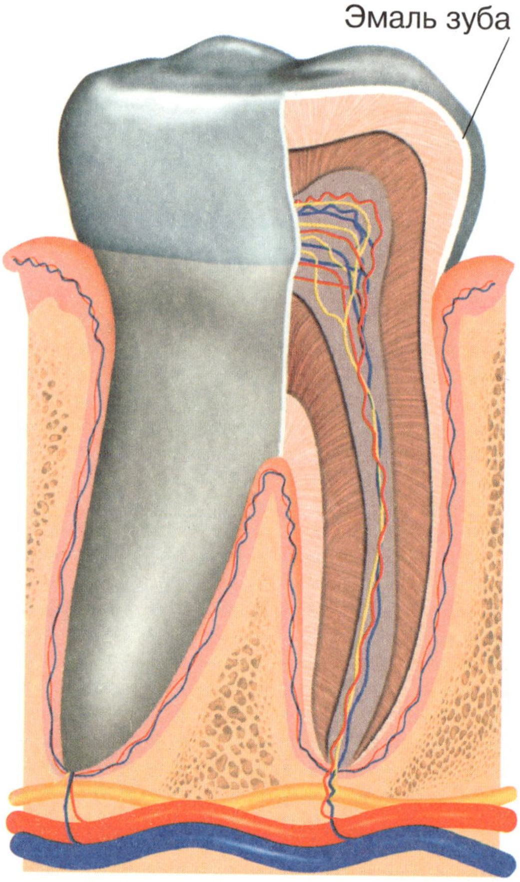

СКОЛЬКО У НАС ЗУБОВ?

У людей в течение жизни зубы вырастают дважды. Первые, молочные зубы начинают появляться у младенцев в возрасте 6—7 месяцев, и к концу третьего года жизни их вырастает 20. После 6 лет молочные зубы начинают меняться на постоянные. Всего у человека 32 коренных зуба. Коренные зубы необходимо беречь, ведь больше они не вырастут. Надо тщательно следить, чтобы эмаль, защищающая зуб, оставалась неповрежденной.

СКОЛЬКО МЫШЦ У ЧЕЛОВЕКА?

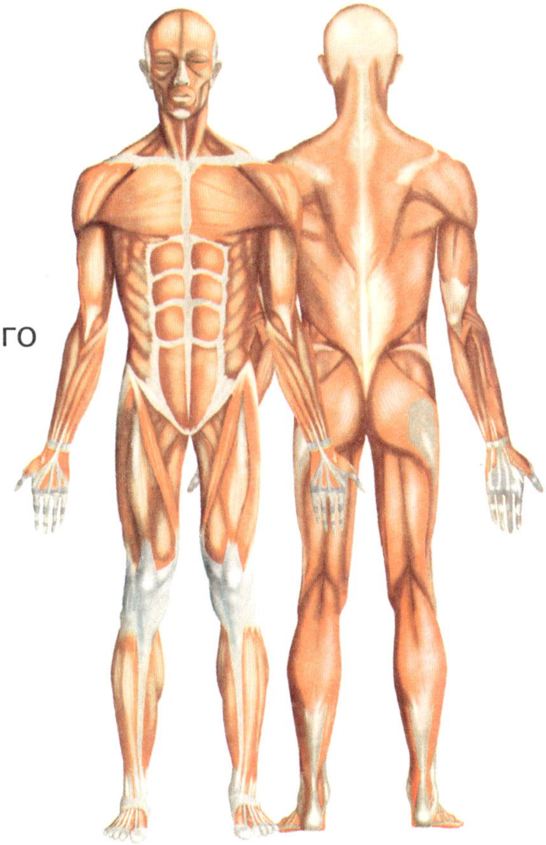

Мы ходим , бегаем, плаваем, но даже не догадываемся, что все это происходит благодаря мышцам. У человека около 640 попарно работающих мышц. Для каждого нашего движения необходимо участие десятков мышц. Чтобы нахмуриться, мы используем 40 различных мышц, а вот для улыбки — всего 15. Большая часть мышц прикрепляется к костям скелета. Есть у человека и другие мышцы, находящиеся во внутренних органах. Сердце — наш мотор — самая важная мышца организма.

ЧТО ТАКОЕ МОЗГ?

Мозг состоит из миллионов нервных клеток и нервных волокон. Разные участки головного мозга управляют различными видами деятельности человека: ходьбой, речью, эмоциями. Левое полушарие контролирует правую часть тела, а правое полушарие — левую часть. Спинной мозг соединяет головной мозг с другими частями тела.

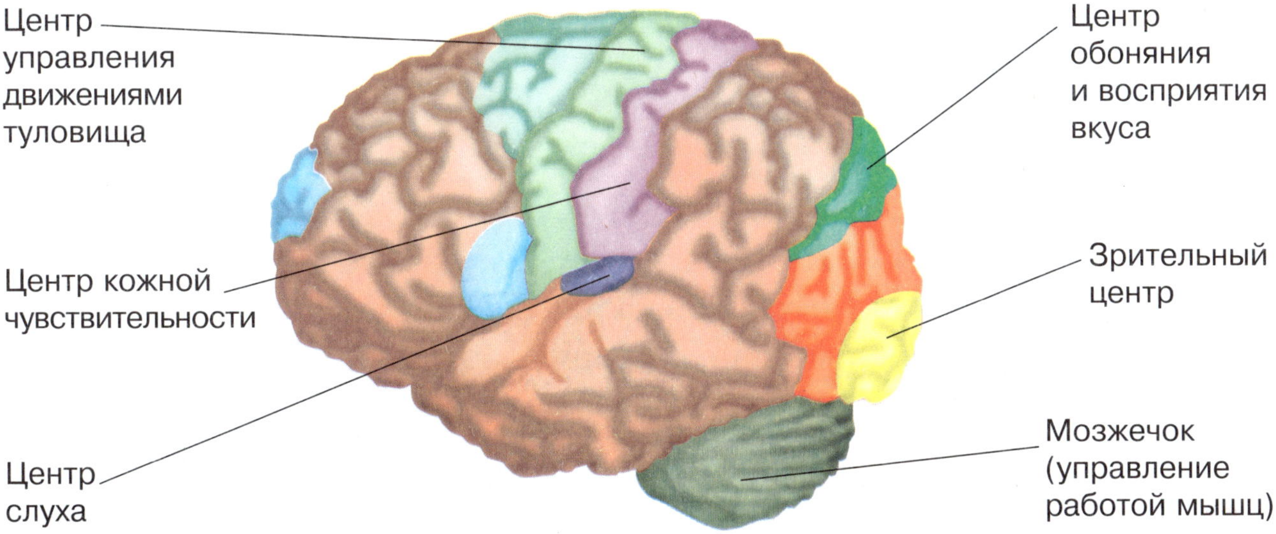

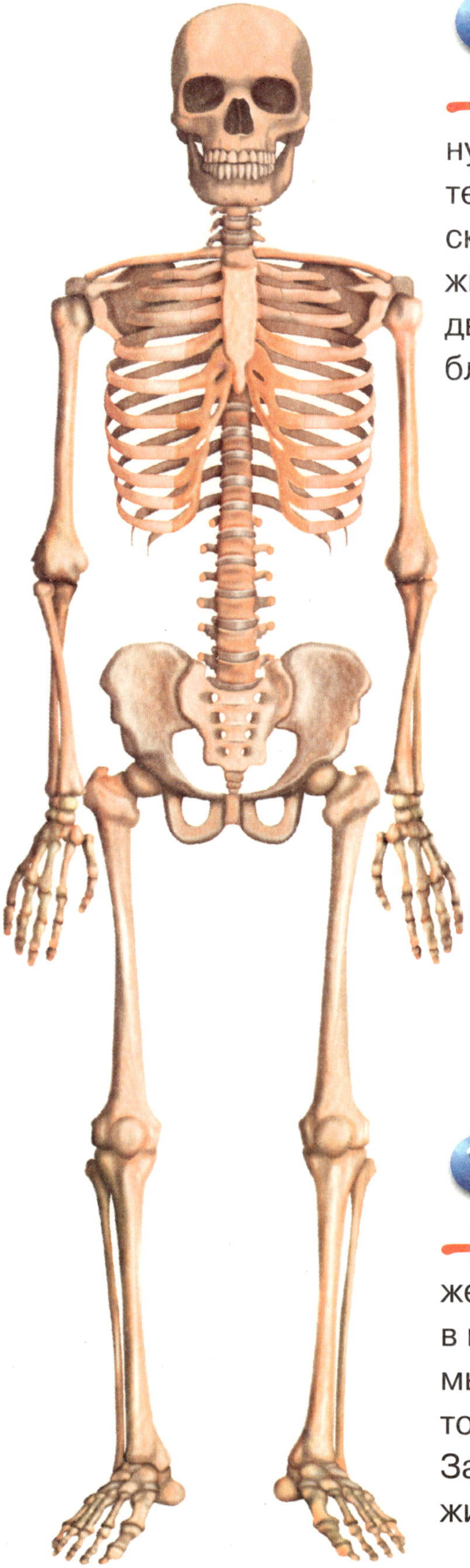

ДЛЯ ЧЕГО НУЖНЫ КОСТИ?

Кости человека образуют скелет. Скелет нужен для того, чтобы поддерживать наше тело, иначе оно бы напоминало желе. А еще скелет защищает мозг, легкие, сердце и другие жизненно важные органы. Мы делаем движения различными частями своего тела благодаря соединяющим кости суставам.

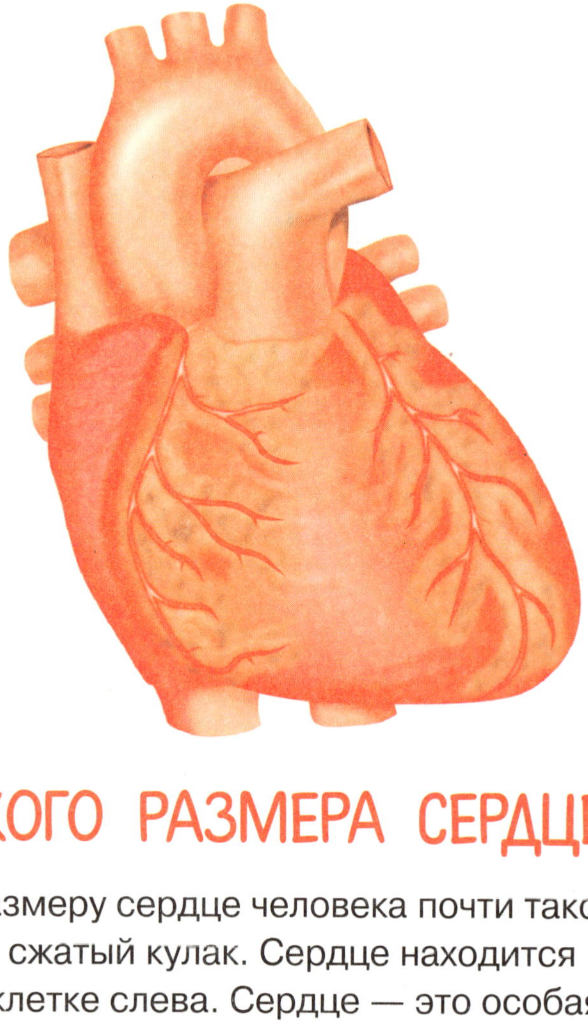

КАКОГО РАЗМЕРА СЕРДЦЕ?

По размеру сердце человека почти такое же, как его сжатый кулак. Сердце находится в грудной клетке слева. Сердце — это особая мышца, которая работает то сжимаясь, то разжимаясь в течение всей нашей жизни. Задача сердца — снабжать кровью все жизненно важные органы нашего организма.

ЧТО ТАКОЕ НЕРВНАЯ СИСТЕМА?

Нервы передают приказы от мозга к различным органам тела. По нервам идут импульсы — сигналы от глаз, ушей и других органов чувств к мозгу, а двигательные нервы контролируют мышцы. Например, когда нам захочется согнуть ногу в колене, сигналы поступят от мозга к мышцам ноги, заставив их сократиться. Самый большой нерв — это спинной мозг. Он проходит через весь позвоночник и соединяет нервы тела с мозгом.

Схема нервной системы

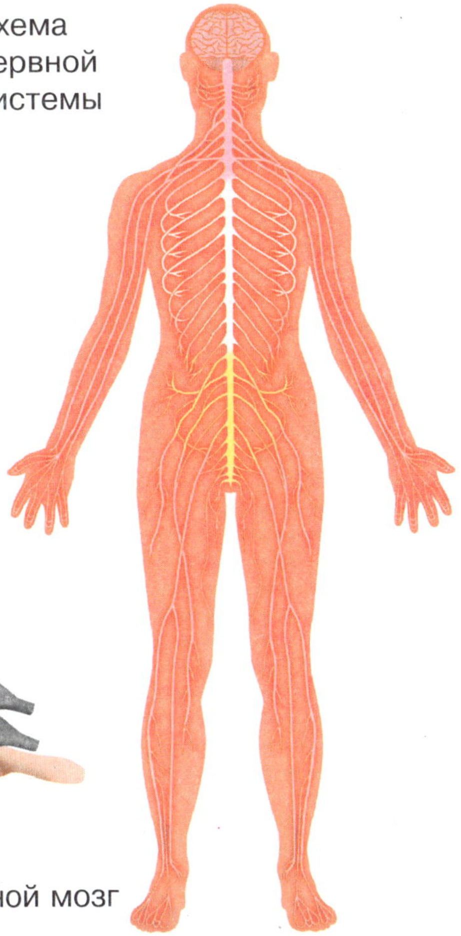

Позвонок

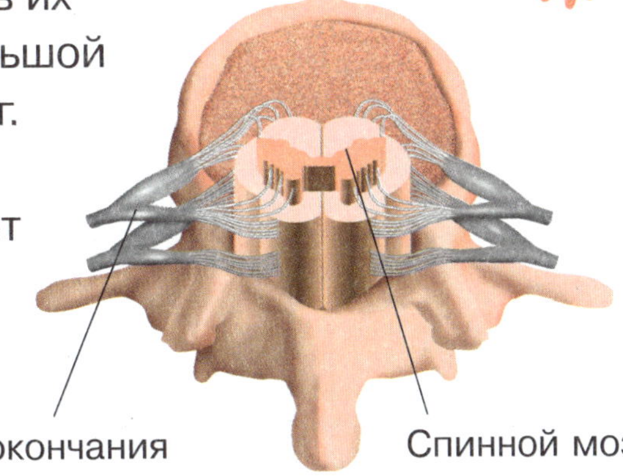

Нервные окончания

Спинной мозг

Какой вес могут выдержать ноги?

Ученые подсчитали, что, если взрослый человек пройдет пешком всего один километр, общая нагрузка на его ноги будет равна 80 тоннам! Представляешь, сколько тяжестей ты переносишь за целый день. Это не под силу даже мощному грузовику или строительному крану.

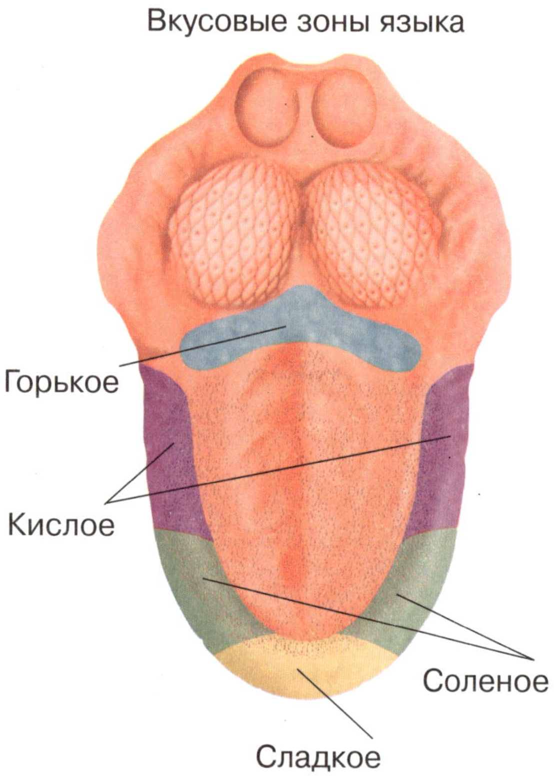

КАК МЫ ОПРЕДЕЛЯЕМ ВКУС?

Вкус пищи мы определяем с помощью языка. На поверхности языка расположены около 10 тысяч вкусовых сосочков. При жевании частички пищи растворяются в слюне и воздействуют на них. Язык реагирует на вкус, посылая сигналы в мозг. Существует четыре основных вкусовых ощущения: сладкое, соленое, горькое и кислое. Вкусовые сосочки, расположенные на разных частях языка, улавливают, как правило, одно из этих вкусовых ощущений.

Сколько может весить человек?

Одному толстяку удалось раскормить себя до веса 635 килограммов! После взвешивания весь мир признал его первым толстяком на планете. Но ты даже представить себе не можешь, как неудобно быть таким толстым. Толстяк с таким весом не поместится в обычной легковой машине и, конечно, ни за что не залезет на дерево за яблоком.

КАК МЫ СЛЫШИМ?

Человек улавливает звуки с помощью ушей. Ушная раковина собирает звук и направляет его в звуковой канал. Внутри его находится барабанная перепонка. Это очень сложный механизм. От звука перепонка начинает дрожать, и эта дрожь передается по слуховому нерву к мозгу. А уж наш мозг — компьютер — сам разберется, что за звуки мы слышим.

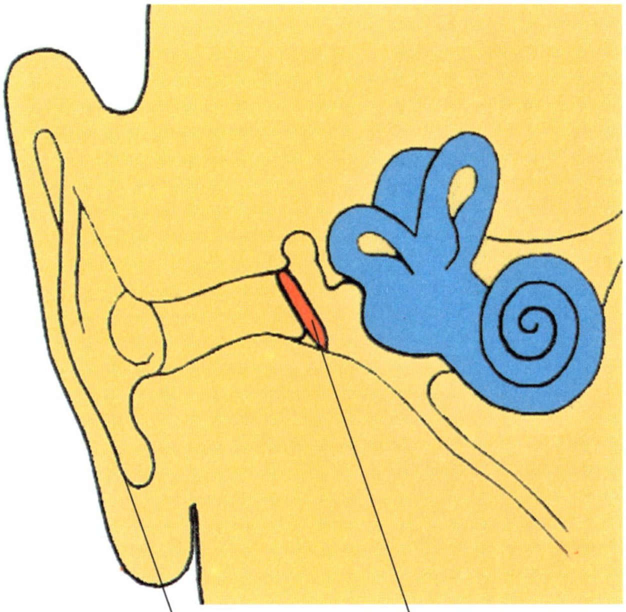

ЗАЧЕМ ЧЕЛОВЕКУ СОН?

Как правило, сон длится от 4 до 12 часов. Только очень немногим людям на Земле достаточно поспать всего 4 часа в сутки. Если ты ежедневно спишь 8 часов, то проводишь во сне одну треть жизни! Но не отчаивайся: сон необходим, чтобы мышцы тела могли отдохнуть, а организм получил возможность восстановить или заменить поврежденные клетки. Очень важен сон и для нервной системы. Так что, если хочешь быть всегда бодрым и в хорошем настроении, спи столько, сколько необходимо человеку в восемь лет — 9—10 часов.

Страны и народы

В мире несколько десятков стран. У каждой страны своя история, культура и обычаи. Быть может, тебе пока не удалось побывать в Англии или в Китае. Но это не страшно. Переверни страницу, и ты узнаешь о разных странах много интересного.

КАКОЕ ГОСУДАРСТВО В МИРЕ САМОЕ БОЛЬШОЕ?

Россия самое большое государство.Территория ее занимает восточную часть Европы и север Азии. Берега России омываются 17 морями. На территории России могло бы свободно уместиться семь Англий или полторы Австралии.

КОГДА ПОЯВИЛИСЬ ГОСУДАРСТВЕННЫЕ СИМВОЛЫ РОССИЙСКОЙ ИМПЕРИИ?

Двуглавый орел стал государственным символом России в XV веке. Трехцветный бело-сине-красный горизонтальный флаг России был утвержден царем Петром I. Каждый цвет имеет свое символическое толкование. Белый цвет обозначает чистоту, синий — волю к миру, а красный цвет символизирует готовность сражаться за Родину.

КАКОЙ СОБОР СТОИТ НА КРАСНОЙ ПЛОЩАДИ?

Покровский собор стоит на Красной площади в Москве. Он был построен по указу царя Ивана Грозного в честь взятия Казани. У собора восемь куполов, именно столько дней продолжался штурм столицы Казанского ханства. В 1588 году к собору был пристроен придел, носящий имя святого Василия Блаженного.

КТО ОСНОВАЛ ГОРОД САНКТ-ПЕТЕРБУРГ?

В 1703 году русский царь Петр I заложил город Санкт-Петербург — столицу Российской империи. Вскоре Петербург стал одним из красивейших городов мира. Лучшие архитекторы и скульпторы возводили в нем роскошные дворцы, общественные здания, памятники и фонтаны. Петр I называл Петербург — Парадиз, что значит рай.

ЧТО ТАКОЕ БИГ БЕН?

Биг Бен (Большой Бен) — это колокол, который звонит каждый час на башне с часами, возвышающейся над зданием английского парламента. Колокол весит 13 тонн. А назвали его в честь сэра Бенджамина Холла, который в 1858 году руководил строительством башни. Башня с колоколом — это часть здания английского парламента. Она полюбилась жителям Лондона и стала старинным символом Англии.

Как спасли Пизанскую башню?

Построенная в городе Пизе в 1173 году, башня начала накреняться. Пизанцы, поразмыслив, оставили башню как есть. Зеваки стекались отовсюду поглазеть, как упадет знаменитая башня. Через много веков строители все снова испортили: чтобы башня не упала, они привязали ее канатами. И осталась Пиза без «падающей» башни.

КАК ЗДОРОВАЮТСЯ ЖИТЕЛИ ТИБЕТА?

→ Если вы попадете в государство Тибет и встречный прохожий покажет вам язык — не огорчайтесь. Это означает: «Я ничего не замышляю против тебя. Будь спокоен». Но для других народов этот жест оскорбителен, и вряд ли стоит им пользоваться в других странах.

ГДЕ ОТМЕЧАЮТ ПРАЗДНИК МАЛЬЧИКОВ?

→ Пятого мая в Японии отмечают праздник мальчиков. В этот день на высоких шестах, у домов, где живут мальчики, вывешиваются огромные карпы из шелка. По древней легенде, карп преодолел все преграды на пути к небесам, желая превратиться в дракона. Карпы в Японии — символ стойкости и целеустремленности. Это качества характера настоящего мужчины. В этот день мальчикам дарят куклу Кинтаро — героя, одолевшего всех врагов.

ПОЧЕМУ ЧЕРТОПОЛОХ СТАЛ СИМВОЛОМ ШОТЛАНДИИ?

В VIII веке датчане вторглись в Шотландию. Ночью их армия тайно подошла к замку, где жили шотландские короли. Датские воины разулись, чтобы никто из часовых их не услышал. Но кто-то из захватчиков наступил на колючий чертополох и закричал. В замке тут же поднялась тревога, и шотландцы разгромили врага. С тех пор чертополох стал символом Шотландии.

КТО ТАКАЯ ЖАННА Д'АРК?

Жанна д'Арк была простой девушкой из французкой деревушки в провинции Шампань. Когда на ее родную Францию напали англичане, Жанна отправилась на войну бить врагов. Жанна сражалась отважно, и отряд, которым она командовала, освободил от захватчиков-англичан несколько французских городов. Жанна геройски погибла, и сейчас она признана святой покровительницей Франции.

КТО ТАКИЕ КРАСНОКОЖИЕ?

Европейцы, прибывшие по следам Колумба в Америку, встретили там людей со странным цветом кожи — не белым, как у них самих, не черным, как у негров, не желтым, как у китайцев, а красновато-коричневого оттенка, за что этих людей назвали краснокожими. Краснокожие индейцы жили в Америке с глубокой древности. Ученые считают, что краснокожие пришли в Америку из Азии по льду Берингова пролива.

КТО ОСВОБОДИЛ ЦЕЛЫЙ КОНТИНЕНТ?

Симон Боливар в юности дал клятву освободить свою страну — Венесуэлу от испанского владычества. Через два года упорных боев неутомимому борцу за свободу удалось освободить столицу Каракас. Но Боливар на этом не успокоился и добыл независимость еще нескольким странам Южной Америки. Одну из которых назвали в честь героя Боливией.

Что является символом Парижа?

Эйфелева башня была построена в 1889 году. Тогда это было самое высокое сооружение в мире, высотою 317 метров. С тех пор башня стала символом Парижа. Ее конструкция состоит из 12 тысяч составных элементов, для крепления которых потребовалось 2 500 000 заклепок! Парижане были настолько поражены ее видом, что автору, инженеру Г. Эйфелю, пришлось ручаться за ее надежность.

Какое государство в мире самое маленькое?

Государство Ватикан — это даже не город, а несколько кварталов в центре города Рима. Тем не менее Ватикан считается государством. У него есть своя армия, полиция и правительство. Ватикан — центр Римской католической церкви.

КОГО БЛАГОДАРЯТ АМЕРИКАНЦЫ В ДЕНЬ БЛАГОДАРЕНИЯ?

В сентябре 1620 года от берегов Англии отплыл корабль «Мейфлауэр» со 102 пассажирами на борту. Высадившись на берегах Северной Америки, они основали свое первое поселение Плимут. Первая зима была очень тяжелой, и только индейцы, накормив поселенцев, спасли их от смерти. С тех пор американцы ежегодно в ноябре празднуют День благодарения.

ГДЕ НАХОДИТСЯ СТАТУЯ СВОБОДЫ?

Гигантская женская фигура с факелом Свободы в протянутой к небу руке стоит в гавани американского города Нью-Йорка. Эта статуя является символом Соединенных Штатов Америки, она создана французским скульптором Бартольди и преподнесена США как дар от Франции. На голове этой огромной скульптуры устроена смотровая площадка, которую с удовольствием посещают туристы.

Кто что ест?

Национальные особенности каждого народа обязательно проявляются в его кухне. Монголы и тибетцы в Азии, зулусы в Африке не едят никакой рыбы. Народы Индии в большинстве своем не едят говядину; народы, исповедующие ислам и иудаизм, — свинину. У полинезийцев, корейцев еще недавно деликатесом считалось мясо собаки.

КАКОЕ РАСТЕНИЕ ЯВЛЯЕТСЯ СИМВОЛОМ ЯПОНИИ?

→ Ветка сакуры — символ Японии. Сакуру иногда называют японской вишней. Когда сакура зацветает, все японцы, от мала до велика, с друзьями и близкими собираются в садах и парках, чтобы полюбоваться бело-розовыми облаками нежных лепестков. Это одна из древнейших традиций японцев.

СКОЛЬКО ЯЗЫКОВ НА СВЕТЕ?

→ Сегодня на земном шаре насчитывается 4000 языков. В некоторых странах существует по нескольку языков, а в Индии, например, их больше 800! Самое большое количество людей в мире говорит на китайском языке, затем следует английский язык, языки хинди и русский.

ЧТО ТАКОЕ ООН?

→ Организация Объединенных Наций — это всемирная организация, в ее состав входят страны, правительства которых договорились решать все спорные вопросы за столом переговоров, а не с оружием в руках. В ООН состоят почти 180 государств. Каждое государство имеет один голос в Совете Безопасности и Генеральной Ассамблее ООН. В Совет Безопасности входят 15 крупнейших государств.

УКАЗАТЕЛЬ

ДЛЯ СТАРШЕГО ДОШКОЛЬНОГО ВОЗРАСТА

Детская энциклопедия

ПОЧЕМУ И ПОТОМУ

Составитель О. И. КОРЧАГИНА

Иллюстрации М. О. ДМИТРИЕВА, В. А. ДЫГАЛО, Т. А. ЖЕЖЕРЯ, А. В. КАЗЬМИНОЙ, Е. А. КОМРАКОВОЙ, Н. В. КРАВЧЕНКОВОЙ, А. Н. ЛУКЬЯНОВА, И. В. МАКСИМОВОЙ, О. К. ПАРХАЕВА, А. Г. ПРОСКУРЯКОВА, А. Н. САВЕЛЬЕВА, А. Н. СИЧКАРЯ, Н. В. СУЧКОВОЙ, Е. Г. ТРЕГУБОВОЙ, В. Г. ЧЕЛАКА

Дизайн Т. А. ЖЕЖЕРЯ

Оформление обложки Л. Д. АНДРЕЕВА

Ответственный редактор А. А. НИКИШИН
Художественный редактор Е. К. МАЗАНОВА
Технический редактор М. В. ГАГАРИНА
Корректор Л. А. ЛАЗАРЕВА

Издание подготовлено в компьютерном центре издательства «РОСМЭН».

Лиц. изд. ИД № 04933 от 30.05.01.

Подписано к печати 01.10.03. Формат 60x90 $^1/_8$. Бумага офсетная № 1. Печать офсетная. Гарнитура Прагматика. Тираж 10 000 экз. Усл. печ. л. 18,0. Заказ № 3707. С — 903.

ООО «Издательство «РОСМЭН-ПРЕСС».
125124, Москва, а/я 62. Тел.: (095) 933-70-70.

Наши клиенты и оптовые покупатели могут оформить заказ, получить опережающую информацию о планах выхода издания и перспективных проектах в Интернете по адресу: **www.rosman.ru**

МЕЛКООПТОВЫЙ СКЛАД:
Москва, 1-я ул. Ямского поля, 28 (левое крыло). Тел.: (095) 257-34-75.

ОТДЕЛ ОПТОВЫХ ПРОДАЖ:
все города России, СНГ: (095) 933-70-73;
Москва и Московская область: (095) 933-70-75.

Вниманию москвичей!
Лучшие книги – по лучшим ценам
СЕТЬ КНИЖНЫХ МАГАЗИНОВ
«ЧИТАЙ-ГОРОД»

- *Книжный салон «ЧИТАЙ-ГОРОД»: м. «Новослободская», м. «Менделеевская», ул.Новослободская, д. 21. Тел.: 933-70-77*
- *м.« Б-р Дм. Донского», ул. Старокачаловская, д. 3, корп. 2. Тел.: 711-01-72*
- *м. «Новые Черемушки», ул. Профсоюзная, д. 43, корп. 2. Тел.: 332-80-00*
- *м. «Коньково», ул. Профсоюзная, д. 124. Тел.: 338-88-89*
- *м. «Варшавская», Чонгарский б-р, д. 5, корп. 1. Тел.: 110-47-04*
- *р-н Котловка, Севастопольский пр-т, д. 15, корп. 1. Тел.: 123-62-51*
- *м. «Южная», ул. Кировоградская, д. 9, корп. 2. Тел.: 315-48-47*
- *м. «Ш. Энтузиастов», шоссе Энтузиастов, д. 60, корп. 1. Тел.: 176-00-62 (склад-магазин, большие скидки от суммы покупки)*

ЗАКАЖИ ПО ТЕЛЕФОНУ И ПО ПОЧТЕ!

Издательство «РОСМЭН» предлагает вам покупать ***книги, аудиопродукцию, школьные товары, игрушки*** *по каталогу «ЧИТАЙ-ГОРОД».*

Выбранные вами товары вы получите по почте в любой точке России.
С помощью каталога вы сможете заказать подарки любимым людям и собрать целую библиотеку, которой будет пользоваться вся семья.

Если вас заинтересовало это предложение, закажите каталог «ЧИТАЙ-ГОРОД»,

прислав открытку или письмо по адресу:
127521, Москва, а/я 42. «АбсолютПост».
Тел.: (095) 933-41-53.
E-mail: knigi@post.ru

Отпечатано с готовых диапозитивов на ФГУП Тверской ордена Трудового Красного Знамени полиграфкомбинат детской литературы им. 50-летия СССР Министерства Российской Федерации по делам печати, телерадиовещания и средств массовых коммуникаций.
Россия, 170040, г. Тверь, пр. 50-летия Октября, 46.